Martin Mosebach

HÄRESIE DER FORMLOSIGKEIT

Die römische Liturgie
und ihr Feind

3., erweiterte Auflage

Wien und Leipzig
Karolinger

Gesamtherstellung
Druckerei Theiss GmbH, A-9431 St. Stefan

Umschlag: Peter Alba

Die Deutsche Bibliothek – CIP-Einheitsaufnahme

Mosebach, Martin:
Häresie der Formlosigkeit :
die römische Liturgie und ihr Feind /
Martin Mosebach. –
Wien ; Leipzig : Karolinger, 2002
ISBN 3-85418-102-7

© Karolinger Verlag Wien 2002
3., erweiterte Auflage 2003

Inhaltsverzeichnis

Ewige Steinzeit
7

Liturgie – Die gelebte Religion
19

Braucht das Christentum eine Liturgie?
51

„Die Bilder aus den Herzen reißen" –
Bildersturm und Liturgie
69

Die Avantgarde der Tradition –
Die Benediktiner von Fontgombault
88

Liturgie ist Kunst
99

Knien, Stehen und Gehen –
Vom richtigen Verständnis der „Tätigen Teilnahme"
118

Statio - Vor dem Betreten der Kathedrale
134

Die Prozession aus der Schiebetür –
Passage aus dem fünften Kapitel des Romans
„Eine lange Nacht"
144

Offenbarung durch Verhüllung in der alten
römisch-katholischen Liturgie
157

*Für Robert Spaemann
in Dankbarkeit*

Ewige Steinzeit

Ich bin kein Konvertit und kein Proselyt. Es gibt in meinem Leben kein Erleuchtungserlebnis. Meine Wurzeln in der Religion waren lange Zeit schwach. Es ist mir nicht möglich, mit Sicherheit zu bestimmen, wann sie zu wachsen begannen, vielleicht als ich fünfundzwanzig wurde. Auf jeden Fall wuchsen sie langsam, dann aber beständig. Ich vermute, daß sie jetzt tief sind, wobei ihr Wachstum, wie bisher beinahe unmerklich, weitergeht. Was diesen nicht an sein Ende gelangten Vorgang angeregt hat, ist die Begegnung mit der alten katholischen Liturgie.

Meine katholische Mutter wahrte einen deutlichen Abstand zur Religion, mein protestantischer Vater verteidigte sein Recht auf das eigene Privatpriestertum mit eiserner Diskretion. Vom katholischen Ritus lernte ich zunächst nur wenig kennen, weil die angeblich kindgemäße Aufbereitung des Kultes ihn beinahe völlig mit optimistischen Liedern und scheinnaiven Gebeten ad usum delphini zudeckte. Als kleiner Meßbub war ich gefürchtet, weil ich den Aufbau des Ritus nicht verstand und immerfort Unerwartetes und Störendes tat oder Wichtiges vergaß. Als ich eines Tages dem betenden Priester das große Meßbuch unter der Nase wegzog, um es, was noch gar nicht geboten war, auf die andere Altarseite zu tragen, trat ich auf meinen zu langen violetten Talar und flog mit dem Buch die Altarstufen hinunter. Das war das Ende meiner Ministrantenlaufbahn. Meine vita religiosa wurde jetzt sehr blaß, ohne daß allerdings das Gefühl abriß, daß ich Katholik sei. Mit achtzehn las ich den berühmten Ausspruch von Charles Maurras: „Ich bin Atheist, aber ich bin natürlich Katholik." Dieser Ausspruch gefiel mir sehr. Ich zitierte ihn nicht ohne Selbstgefälligkeit, er klang so gewagt. Was Atheismus sei, ahnte ich nicht einmal, denn mein Vertrauen in die Güte und Ordnung der Welt war unendlich; was die katholische Religion sei, konnte ich nicht wissen, weil es mir niemand wirklich gesagt hatte. Die katholische Religion ist wahrscheinlich die komplizierteste Religion der Welt; um Katholik zu sein, muß man entweder einen begnadeten Instinkt besitzen oder sehr viel wissen, von beidem bin ich weit entfernt.

Als ich achtzehn wurde, befand sich auch die katholische Kirche im Achtundsechziger-Rausch. Ich bekam wenig davon mit, denn ich ging nicht mehr in die Messe. Aber ich hörte davon, daß die Priester ihre schwarzen Anzüge und Soutanen ablegten und sich nun kleinbürgerlich-studentisch oder kleinbürgerlich-postbeamtenhaft trugen, daß man in der Messe nicht mehr Latein sprach, daß der Priester nun nicht mehr vor dem Altar, sondern hinter ihm wie hinter einer Theke stand, seine zum Publikum gewordene Gemeinde ansah und ihr mit froh geöffnetem Mund ins Gesicht sang und die Hostie bei der Kommunion den Gläubigen in die Hand gab, anstatt sie ihnen wie vorher auf die Zunge zu legen. In meiner Sphäre wurden diese Neuerungen wie etwas längst Überfälliges begrüßt, aber es stand nun auch für meine Mutter zugleich fest, daß man eine solche Veranstaltung nicht mehr besuchen müsse. Ich erinnere mich genau solcher Gespräche mit älteren Katholiken, denen die Zufriedenheit mit den Reformen anzumerken war, bei gleichzeitiger Entschlossenheit, „nicht hinzugehen".

Auf den katholischen Ritus aufmerksam machte mich zuerst die alte katholische Musik, der gregorianische Choral. Ich ahne die Genugtuung, mit der mancher diesen Satz lesen wird: also ein Ästhet, der seine ästhetizistischen Bedürfnisse in der Religion befriedigen will. Ich bekenne mich offen zu der naiven Schar, die aus der Oberfläche, der äußeren Erscheinung auf die innere Beschaffenheit und womöglich Wahrheit oder Verlogenheit einer Sache schließt. Die Lehre von den „inneren

Werten", die sich in schmutziger, verkommener Schale verbergen, kommt mir nicht geheuer vor. Daß die Seele dem Körper die Form und das Gesicht, seine Oberfläche verleiht, glaubte ich schon, als ich noch nicht wußte, daß dieser Satz eine Definition des kirchlichen Lehramtes war. Mit mediterraner Primitivität glaube ich, daß eine unwahre, verlogene, gefühllose Sprache keinen Gedanken von Wert enthalten kann. Was für die Kunst gilt, muß in noch viel höherem Maß jedoch das öffentliche Gebet der Kirche treffen; wo das Häßliche sonst nur auf das Unwahre schließen läßt, bedeutet es im Bereich der Religion die Anwesenheit des Satanischen.

Der gregorianische Choral ist keine Kunstmusik. Er ist dazu bestimmt, in jeder Dorfkirche und in jeder Vorstadtkirche gesungen zu werden, obwohl er teilweise schwierig ist und Übung verlangt, aber diese Übung war ja gegeben, wenn man ihn jeden Sonntag ein ganzes Leben lang sang. Das gehörte aber erst zu meinen späteren Erfahrungen: daß der Ritus und die zu ihm gehörende Musik nicht als gelegentliches erbauliches oder womöglich gar als höchst eindrucksvolles Konzert oder Meditationshilfe genommen werden dürfen, sondern lebenslang geübt werden müssen – das Gebot, jeden Sonntag in die Kirche zu gehen, ist deshalb als Gebrauchsanweisung im Umgang mit dem Ritus zu sehen, der ohne die selbstverständliche und wahrhaft gedankenlose Einschmelzung in das Leben seine Wirkung nicht entfalten kann.

Die Reform – oder besser Revolutionswelle in der Kirche – hatte den gregorianischen Choral weitgehend abgeschafft; es sprach zu seinen Ungunsten, daß er weit über tausendfünfhundert Jahre alt war und seine Ursprünge sich in der Geschichte verloren. Die Bischöfe vergaßen, daß diese Musik schon in den Ohren Karls des Großen oder Thomas' von Aquin, Monteverdis oder Haydns fremdartig geklungen hatte und von deren Gegenwart mindestens ebenso weit entfernt war wie von der unseren, die sich in die Musik anderer Kulturen viel leichter hineinhören kann als viele Jahrhunderte vor ihr. Ich geriet in eine kleine, kostbare Kirche im Rheingau, in der man dem gregorianischen Choral als Touristenattraktion und Spezialfolklore eine Nische eingeräumt hatte. Bei schönem Wetter kamen viele Leute nach Kiedrich, bei Nebel und Glatteis im Winter sang der große Chor vor nur wenig gefüllten Bänken, der Sonntagsausflug-Weinproben-Aspekt verlor sich, der Gesang trat rein hervor. Es mußten vielleicht überhaupt keine Leute kommen, es genügte womöglich, wenn die Sänger allein sangen. Genügte wozu? Das war mir noch nicht klar.

Der gregorianische Choral ist eine streng auf die Sprache bezogene Musik, und zwar, das unterscheidet ihn von neuzeitlichen Vertonungen von Gedichten, auf eine nicht lyrische, gelegentlich sogar sehr trockene Prosa. Die Sprache des Alten und Neuen Testaments, der Paulusbriefe und Psalmen ist nicht rhythmisiert oder sonstwie nach künstlerischen Mustern gestaltet. Zugleich sind die Texte sakrosankt, dürfen also aus kompositorischen Gründen nicht umgestellt oder bearbeitet werden. Jedem Wort muß seine prosaische Betonung gelassen werden, obwohl die lateinische Dichtung sonst Lizenzen um des Verses willen gestattet. Erstaunlich ist die melodische Vielfalt, die solch strenge Vorgaben dennoch erlauben. Der gregorianische Choral läßt jedem Satz volle Gerechtigkeit widerfahren; nichts ist nur Ornament oder wird noch irgendwie silbenschluckend oder silbenzerdehnend im Dienst der Melodie dazugestopft, wie es in den größten Kompositionen der neueren Zeit oft der Fall ist. Wie ein Bach, der sich staut, dann schnell fließt, dann sprudelt und gurgelt, dann gelassen strömt, bewegt sich diese Musik. Wer ihr lange genug gelauscht hat, empfindet die mathematisch ausgerechneten, gespiegelten, im Krebsgang sich fortbewegenden, nach vorgefertigten Mustern gebauten

Kompositionen der neueren abendländischen Musik unversehens als öde Pflichtübungen. Wenn im Choral der Satz gleichsam wie eine Saite zum Klingen gebracht wird, erscheinen die Vertonungen der Arien und Lieder späterer Zeit dem Satz beliebig aufgeklebt. Nur ein Stück gab es in Kiedrich, das die Wörter weit hinter sich ließ und wie ein antiker Scat Wortsilben nur noch als Material kunstvollster langer Koloraturen verwendete, die in ihrer Richtungslosigkeit niemals zu enden schienen. Das war das Alleluja zwischen den Lesungen aus Paulusbriefen und Evangelium. Erst später erklärte mir ein alter Kirchenmusiker, dieser frei schwebende pure Silbengesang habe die Aufgabe, zwischen den expliziten Texten der Offenbarung die über jedes Wort hinausreichende Unaussprechlichkeit Gottes darzustellen. Zur Predigt legte der Pfarrer sein Meßgewand ab, um deutlich zu machen, daß seine Ausführungen nicht zum Ritus gehörten. Er war ein konservativer Mann, der seinem fortschrittsgläubigen Bischof gegen die eigene Einsicht treu gehorchte und den umgemodelten, verstümmelten neuen Ritus zelebrierte, allerdings auf Latein und in der Strenge, die er im überlieferten Ritus gelernt hatte. Als ich diesen alten, jetzt verbotenen Ritus, der mir in meiner Kindheit unverständlich geblieben war, nach längerem Suchen wieder erlebte – unter gedrückten Umständen, in einer scheußlichen Kapelle, mit jämmerlichem Choralgesang –, war das Ende meiner Rheingaufahrten am Sonntagmorgen gekommen.

Ich habe mir vorgenommen, in diesen Zeilen, in denen von meinem Verhältnis zur Religion die Rede sein soll, so wenig wie möglich von der Religion zu sprechen. Das Glaubensbekenntnis, das ich häufig auf lateinisch vor mich hinmurmele, oder besser, vor mich hinsumme, weil ich es mir mit seiner Melodie aus der „Missa de angelis" leichter merken kann, enthält keineswegs alle Sätze, die ich glaube; es gehen diesem Credo, das die Kirchenväter in Nizäa und Konstantinopel unter zum Teil ziemlich rabiaten Auseinandersetzungen formuliert haben, bei mir eine ganze Reihe wichtiger Glaubensätze voraus, die für mich womöglich sogar ein noch höheres Gewicht besitzen; das Credo ist eigentlich nur der Schlußstein meiner Glaubensüberzeugungen. So glaube ich etwa, daß ich ein Mensch bin. Ich glaube, daß es die Welt gibt. Ich glaube, daß mir die Eindrücke meiner Augen und Ohren zutreffende Nachrichten über die Wirklichkeit geben. Ich glaube, daß ein Gedanke ebensoviel Wirklichkeit besitzt wie ein Berg. Wie jeder weiß, gibt es für keinen dieser Glaubenssätze einen auch nur halbwegs zwingenden Beweis. Manche haben sogar die naturwissenschaftliche Wahrscheinlichkeit gegen sich. Die Zweifel an diesen Sätzen verstehe ich gut, manchmal beschleichen sie auch mich. Aber in einer tieferen Schicht meines Bewußtseins wische ich alle bedeutenden Einwände gegen die Wirklichkeit der Welt und mein Menschsein, obwohl ich sie nicht widerlegen kann, beiseite. Ich fürchte, mir eingestehen zu müssen, daß ich ein Steinzeitmensch bin. Es gelingt mir nicht, meine intellektuellen Einsichten mit meinen tief im Physischen wurzelnden Grundüberzeugungen in Übereinstimmung zu bringen. Obwohl ich längst wissen müßte, daß ich in einem Chaos lebe, daß es in mir eine Instanz, die „Ich" sagen könnte, überhaupt nur als neuronalen Reflex gibt, daß jeder Sinneseindruck dieses nicht vorhandenen Ich auf Täuschung und Wahn beruht, höre ich das Lied der Amsel am Abend, das bekanntlich gar kein Lied, sondern eine die Evolution begünstigende Geräuschentfaltung ist, und den fernen Klang der Kirchenglocke, bei der eine Maschine dem Klöppel auf ein Stück Bronze haut, als eine mir bestimmte, wenn auch unentschlüsselbare Nachricht. Ich höre und müßte längst verstanden haben, daß die Gegenstände, die mich umgeben, ohne die mindeste Bedeutung sind, daß nichts in ihnen steckt, daß alles, was ich in ihnen sehe, nur von mir – aber wer bin ich? –

in sie hinein gesehen wird. Ich höre das, aber ich glaube es nicht. Ich stehe auf der tiefsten Stufe der Menschheitsgeschichte. Ich bin Animist. Wenn ich bei Doderer lese, ein Klavier „verharre in möbelhaftem Schweigen", fühle ich mich verstanden. Ich glaube derart fest an die objektive Existenz des Klaviers in seiner grundsätzlichen Andersartigkeit und Fremdheit, daß ich seine Art, im Zimmer zu stehen, tatsächlich als ein bewußtes Schweigen empfinden muß. Ein Mongolenschamane sagte mir, daß ein Stein, der aus dem Boden gegraben werde, sich darüber jahrelang nicht beruhigen könne. Ich halte das für wahrscheinlich. Die Welt stellt sich mir, wenn ich meiner inneren Stimme, diesem vollständig unbelehrbaren Organ, lausche, als bis in die letzte Faser mit einem Leben erfüllt dar, das ein anderes Leben ist als das meine. Dies Leben kann sogar in Körperloses hineinschießen, in Wörter zum Beispiel. Es gibt Wörter von koboldartiger Eigengesetzlichkeit, gestopft voll Komik und Eigensinn, der über ihre Bedeutung weit hinausschießt, das sind kleine Wortdämonen, die jeder kennt, die aber für jeden in anderen Wörtern stecken.

Ich schicke diese grundsätzlichen Bekenntnisse voraus, damit verständlicher wird, wie der alte katholische Ritus, den die meisten Bischöfe verboten haben und verfolgen, auf mich wirkte, als ich ihn schließlich, nach jahrelangem Bad in der Gregorianik von Kiedrich, zum ersten Mal wieder erlebte. Der Zusammenbruch der Liturgie in der offiziellen Kirche hat auch etwas Gutes: Der Ritus ist jetzt wieder ein wirkliches Mysterium, in dem Sinne, daß er, wie eigentlich auch vorgesehen, im Verborgenen gefeiert wird. Der erste Rang der Priesterweihe ist der – inzwischen abgeschaffte – Ostiarius, der darüber zu wachen hat, daß während der Mysterienfeier die Türen für die Ungetauften verschlossen bleiben. In der Orthodoxie ruft heute noch der Diakon vor Beginn des Opfers: „Achtet auf die Türen!" Ich reportiere hier nicht, wie ich zum ersten Mal auf den alten

Ritus gestoßen bin; jeder, dem ähnliches begegnet ist, weiß, wieviel Zufall oder Fügung notwendig sind, um eines Tages in die Nähe einer solchen Kultfeier zu gelangen. Ich vermute auch, daß ein Unvorbereiteter, der den alten Ritus zum ersten Mal erlebt, einigermaßen verdutzt davor stehen wird. Latein mag er nicht verstehen, das Wichtigste wird ohnehin geflüstert, das Priestergewand kann zwar auffallend sein, aber von dem, was der Priester tut, sieht die Gemeinde nichts, er verdeckt es mit seinem Körper. Schön und zutreffend ist der alte Witz von dem jüdischen Schuljungen, der in eine Messe gerät und seinem Vater davon erzählt. „Ein Mann kam mit einem kleinen Jungen herein und gab dem Jungen seinen Hut. Der Junge hat den Hut versteckt. Dann fragte der Mann die Gemeinde: Wo ist mein Hut? Und die Gemeinde antwortete: Das wissen wir nicht. Darauf haben sie für einen neuen Hut gesammelt. Am Ende hat der Kleine dem Mann den Hut wiedergegeben, aber das Geld haben sie nicht mehr herausgerückt." Als Schuljunge ging mein Verständnis über das des jüdischen Schuljungen, wie ich berichtet habe, kaum hinaus. Jetzt aber durfte ich erfahren, warum es sinnvoll ist, Kinder zu überfordern und sie zu zwingen, sich mit Dingen zu beschäftigen, denen sie noch nicht gewachsen sind. Was mir damals ein Rätsel geblieben war, hatte sich in meiner Vorstellung einen unbeachteten, aber sicheren Platz bewahrt. Das stille Wandeln des Priesters vor dem Altar, die Verneigungen, Kniebeugen und das Ausbreiten der Hände fügten sich in ein altes Bild, das ich, ohne es zu wissen, längst in mir trug. Das Stehen am Altar hatte etwas angespanntes. In der Kirche meiner Kinderzeit erhob sich über dem Hochaltar ein grau gipsernes Riesenkruzifix im Beuroner Stil, und ich sah diesen mächtigen Stamm als eine aus dem Altar herausragende Achse an, die von dort in den Himmel reichte. Aber auch, wenn das Kruzifix auf dem Altar kleiner ist, ist für mich dies Gefühl der Achse immer noch präsent, verbunden mit einer Vorstellung unbestimmter Gefahr. Dem geschäftigen Küster, der auf dem Altar herumhantierte und etwas brachte oder etwas von dort wegräumte, folgte ich stets mit Unbehagen. Zur katholischen Welt mit ihrer „Gnadenverwaltung" gehören immer solche Personen, die nüchtern und geschäftsmäßig mit Dingen umgehen, die für die Laien ein unzugängliches Numinosum darstellen. Auch im Heiligtum gibt es Hausmeister mit ebensoviel fataler Souveränität wie die ihrer profanen Kollegen.

Aber nun sah ich zum ersten Mal wieder einen Priester im Magnetfeld des Altares. Was er sprach und sang, glitt an mir ab. Ich empfand es als weniger wichtig. Wichtig war der Eindruck, daß er etwas tat. Dies Stehen und Armeausbreiten und Kreuzemachen war ein Tun. Der Priester arbeitete dort vorn. Was er mit den Händen tat, war ebenso entscheidend wie seine Worte. Und seinen Taten waren Gegenstände zugeordnet: weiße Leinentücher, ein goldener Kelch, ein goldener kleiner Teller, Wachskerzen, Kännchen für Wasser und Wein, die mondhafte weiße Hostie, ein großes, in Leder eingebundenes Buch. Die Meßdiener bedienten ihn in zeremonieller Weise, sie schlugen die Buchseiten für ihn um, übergossen seine Fingerspitzen mit Wasser und reichten ihm ein kleines Handtuch. Nachdem er die Hostie in die Höhe gehoben hatte, vermied er, mit Daumen und Zeigefinger noch etwas anderes zu berühren und legte sie deshalb zusammen, auch wenn er den Kelch anfaßte oder den goldenen Tabernakel aufschloß.

Es gibt gute Gründe, den Glauben, daß menschliche Handlungen irgend etwas bewirken, als Größenwahn zu betrachten. Von solchem Größenwahn kann der Gang über das wüste Gelände kurieren, auf dem einmal eine antike Großstadt gestanden hat, eine hellenistische Metropole voller Kunst, Geld, Energie und Erfindungsgeist. Und doch meinen viele, die sich weigern würden, an Engel zu glauben, daß, was in einer solchen Stadt gedacht und geschaffen worden sei, unfaßbar, aber höchst wirksam weiterlebe und ein sich immer wieder materialisierendes Fundament für Neues bilde, das ohne diese Grundlage nicht entstehen könne. Von einer solchen Vorstellung ist es nur noch ein Schritt, eine Auswirkung materieller Handlungen auf rein geistige Regionen anzunehmen. Die Völker aller Kulturen haben dies geglaubt und deshalb als ihre höchste Handlung, den Inbegriff jeden Handelns, da mit der höchsten Wirksamkeit verbunden, das Opfern angesehen. Das Opfern ist eine materielle Handlung, die eine geistige Wirkung anstrebt. Dieser Sprung ist aber nur für Idealisten absurd. Für Materialisten der steinzeitlichen Prägung ist alle Materie ohnehin so von Geist und Leben erfüllt, daß es aus ihr geradezu herausstrahlt – die letzten Europäer, die in dieser rückständigen Mentalität verharrten, waren wahrscheinlich die großen Stillebenmaler.

Was der Priester auf dem Altar opferte, soll hier unerörtert bleiben. Entscheidend war für mich zunächst, daß er opferte. In einem der Gebete während der Opferhandlung hieß es: „... nimm dies Opfer wohlgefällig an, wie Du einst mit Wohlgefallen aufgenommen hast die Gaben Abels, Deines gerechten Dieners, das Opfer unseres Patriarchen Abraham, das heilige Opfer und die makellose Gabe, die Dein Hoherpriester Melchisedech Dir dargebracht hat." Der Hirte Abel hatte die Erstlinge seiner Herde und ihr Fett auf dem Opferaltar verbrannt, Abraham hatte seinen Sohn opfern wollen und dann an dessen Stelle einen Widder geschlachtet, Melchisedech, der nicht zum Volk Abrahams gehörte, opferte Brot und Wein. Urreligion, Judentum und Heidentum waren durch die drei Namen des Opfergebetes repräsentiert; Menschenopfer, Tieropfer und unblutiges Opfern waren genannt, wobei das unblutige in seinen Zeichen die Erinnerung des blutigen bewahrte. Es war mir klar, daß die katholische Messe in ihrer seit über 1500 Jahren ununterbrochenen überlieferten Form genaugenommen gar nicht als der Ritus einer bestimmten Religion betrachtet werden durfte, sondern als die Erfüllung aller Religionen, die sie sämtlich in sich aufgesaugt hatte. Wenn ich an einem solchen Opfer teilnahm, verband ich mich mit allen Menschen, die jemals gelebt hatten, von den fernsten Zeiten bis zur Gegenwart, weil ich dasselbe tat wie sie. Meine Empfindung als Teilnehmer an dem überlieferten Meßopfer war, daß ich ein Mensch sei und etwas Menschengemäßes vornehme, daß ich die wichtigste Pflicht menschlichen Daseins erfüllte und dies vielleicht zum ersten Mal, und daß ich sie für alle anderen, die sie nicht erfüllen wollten oder konnten, miterfüllte, weil die Verweigerung der Teilnahme mir plötzlich als etwas geradezu Kindisches und Unernstes erschien. In dem soeben erst auf deutsch erschienenen Aufsatz „Das Titanische und der Kult" von dem unter Stalin hingerichteten Priester Pawel Florenski habe ich ähnliche Gedanken gefunden, die als Worte eines Geistlichen natürlich höheres Gewicht besitzen als die privaten Empfindungen eines Laien. „Unser Gottesdienst ist älter als wir und unsere Eltern, älter als selbst die Welt. Der Gottesdienst ist gleichsam nicht erfunden, sondern gefunden, gewonnen: was immer schon war, das ist mehr oder weniger das Wesen des vernünftigen Gebets. Der orthodoxe Glaube hat das Welterbe in sich aufgenommen, und wir haben in ihm das reine, gedroschene, von der Spreu befreite, gesiebte Korn der Religionen vor uns, das eigentliche Wesen des Menschlichen... Deshalb steht es außer Zweifel, daß unser Gottesdienst nicht vom Menschen stammt, sondern von Engeln..."

Voraussetzung, den christlichen Kult so zu erleben, ist seine Reinheit und Ausgeglühtheit, in der jede Spur des Subjektiven vernichtet ist. Schon in frühester Christenheit lehrte der östliche Kirchenvater Basilius der Große, daß die Liturgie Offenbarung sei wie die heilige Schrift und niemals angetastet werden dürfe. Und so wurde es auch bis zum Pontifikat Pauls VI. gehalten. Selbstverständlich bewahrte diese Haltung die Liturgie nicht vor unablässiger Modifikation, aber diese Änderung geschahen organisch, unbewußt, unbeabsichtigt, ohne theologisches Konzept, sie wuchsen aus der kultischen Praxis hervor, wie sich eine Landschaft durch Wind und Wasser in den Jahrtausenden umformt. In der Antike nannte man die Unterbrechung einer Tradition durch den Herrscher einen Akt der Tyrannis. In diesem Sinn ist der Modernisierer und Fortschrittsgläubige Paul VI. ein Tyrann der Kirche gewesen. Ob er vom Anthropologischen her eines Tages mit seinem Gewaltakt recht behalten wird, geht mich nichts an. Ich ignoriere diesen Angriff auf die Göttliche Liturgie. Steinzeitmenschen haben ein unterentwickeltes Verhältnis zur Zeit. Unter Zukunft können sie sich überhaupt nichts vorstellen, von der Vergangenheit vermuten sie, daß sie so ähnlich wie die Gegenwart war.

Liturgie –
Die gelebte Religion

Goethe begegnete in Karlsbad im Jahre 1812 der jungen Kaiserin Maria Ludovica; als die Kaiserin erfuhr, welch tiefen Eindruck sie auf Goethe gemacht hatte, ließ sie ihm die „hohe und bestimmte Willensmeinung" mitteilen, in keinem seiner Werke „unter welchem Vorwand es immer sein möge, erkannt oder erraten zu werden wollen", denn, so die Kaiserin, „die Frauen sind wie die Religion; je weniger man von ihnen spricht, je mehr gewinnen sie." Das ist eine schöne und beherzigenswerte Maxime, und ich bin nicht glücklich darüber, daß ich dabei bin, mich über sie hinwegzusetzen, indem ich zu Ihnen über die Religion in ihren praktischen Aspekten, über die gelebte Religion, die Liturgie nämlich, spreche. Vielleicht der schlimmste Schaden der Meßreform Papst Pauls VI. und der durch sie eingeleiteten, die Reform längst „überwunden" habenden Entwicklung, der größte geistliche Verlust ist dies: daß wir nun über die Liturgie sprechen müssen. Auch wer die Liturgie bewahren will, auch wer in ihrem Geist beten will, auch wer ihr unter den größten Opfern treu bleibt, hat bereits etwas Unschätzbares verloren: die Unschuld, sie als etwas Gottgegebenes von oben aus dem Himmel den Menschen Geschenktes hinzunehmen. Als Verteidiger der großen, der heiligen Liturgie, der klassischen römischen Liturgie sind wir alle große oder kleine Liturgiewissenschaftler geworden. Die wissenschaftliche, archäologische und historische Verbrämung der Reform hat uns gezwungen, diese Argumentationen zu widerlegen und uns damit zu einer Beschäftigung mit Ritus und Liturgie geführt, die dem religiösen Menschen zutiefst widerstreben muß. Wir haben uns zu einer Art scholastisch-juristischem Denken bei der Betrachtung der Liturgie verführen lassen: was ist unbedingt erforderlich, damit noch von Liturgie gesprochen werden kann? Welche Willkür ist noch tolerabel, was aber darf nicht mehr hingenommen werden? Wir haben uns daran gewöhnt, Minimalerfordernisse als Kategorie der Bewertung der Liturgie zu akzeptieren, wo es doch überhaupt nur um das Maximale gehen kann. Wir haben schließlich begonnen, Liturgie zu bewerten – ein ungeheuerlicher Vorgang! Wir haben in den Kirchenbänken gesessen und uns gefragt: war das jetzt eine Heilige Messe, oder war das jetzt keine Heilige Messe? Ich betrete die Kirche, um Gott zu sehen, und ich verlasse sie wie ein Theaterkritiker. Und wenn wir dann hin und wieder eine Heilige Messe feiern dürfen, die uns die große historische und religiöse Katastrophe, die grundsätzliche Beschädigung der Brücke des Menschen zu Gott für ihre Dauer vergessen läßt, dann wissen wir doch immer, was für Leistungen erforderlich waren, um eine solche Heilige Messe stattfinden zu lassen, wieviele Briefe dahinterstehen, wieviele Opfer dies Heilige Opfer möglich gemacht haben, um darin unter anderem auch für einen Bischof zu beten, der dies Gebet überhaupt nicht wünscht, der gern bereit ist, auf die Nennung seines Namens im Kanon zu verzichten. Ein verschwiegenes religiöses Leben, Tage, die mit einer stillen Messe in einer unauffälligen kleinen Kirche in der Nähe beginnen, ein Leben, in dem wir, diskret von Priestern angeleitet, in Jahrzehnten lernen, die eigenen Opfer mit dem Opfer Christi zu verschmelzen, in dem wir uns in der Heiligen Messe mit unseren eigenen Sünden und den uns gewährten Gnaden befassen und zwar mit nichts sonst – das ist einem Katholiken nach der Zerstörung der Selbstverständlichkeit der Liturgie nicht mehr möglich.

Man könnte mir entgegenhalten, daß ich übertreibe; man könnte mir nun vorhalten, daß trotz aller Verwüstung des Kultes die Lehre der Kirche über das Opfermysterium unangetastet sei. Schon Papst Paul VI., der Reformator selbst, habe den sakralen Opfercharakter der Heiligen Messe erneut bestätigt; sein Nachfolger Papst Johannes Paul II. habe das gleiche getan und der neue Katechismus enthalte die unverkürzte Lehre über die Liturgie, wie sie der Tradition der Kirche entspreche. Das ist richtig; was das oberste Lehramt über die Heilige Messe sagt, ist altes katholisches Glaubensgut. Daß der Katechismus erscheinen konnte, daß er trotz der zahllosen Kompromisse in der Formulierung, trotz wolkiger Lyrismen, die sich über die neuralgischen Punkte schieben, eine Sammlung überlieferter katholischer Glaubenslehre geworden ist, kann man in unserer Zeit geradezu als ein Wunder ansehen. Man muß sich etwas weniger schämen, Katholik zu sein, seitdem diese Sammlung erschienen ist. Aber was bedeutet sie für den Alltag und den Festtag unserer Kirche? Zar Nikolaus I. der strenge Zensurvorschriften einführte, nahm Bücher, die über tausend Seiten lang seien, von der Zensurpflicht ausdrücklich aus: solche Werke würden ohnehin von niemandem gelesen. Ich möchte aber gar nicht auf die unbestreitbare Tatsache hinaus, daß der neue Katechismus ein Werk ist, das in unseren Priesterseminaren allenfalls zu Zwecken der Belustigung einmal durchgeschaut wird. Ich bin kein Theologe und kein Kanonist; ich muß als Schriftsteller die Welt aus einem anderen Winkel betrachten. Wenn ich wissen möchte, was einer glaubt, dann hilft es mir nicht, in seiner Vereinssatzung, verzeihen Sie den Ausdruck, nachzuschauen. Ich muß mir den Menschen ansehen, seine Gebärden, seine Blicke, seine unbeobachteten Momente. Erlauben Sie mir bitte, Ihnen dazu ein Beispiel zu nennen.

In Frankfurt wurde die Heilige Messe nach dem alten Ritus seit dem päpstlichen Indult von 1984 in einer kleinen, ungewöhnlich häßlichen Kapelle im zweiten Stock eines zum Hotel gewordenen Kolpinghauses gefeiert. Schreckliche Kirchenkunst schmückte diesen Raum: eine Betonmadonna als Kykladensymbol und ein Kruzifix aus rotem, wie Himbeergelee schimmerndem Glasfluß waren die heiligen Bilder, denen die Ehre der Inzensation zuteil wurde. Man konnte jedenfalls niemandem zum Vorwurf machen, er begebe sich aus snobistischem Ästhetizismus in diese Kapelle; diese wohlfeile, sonst so häufig erhobene Beschuldigung blieb dem Frankfurter Kreis erspart. Die Laien, die sich dort zusammenfanden, wußten wenig, was alles bei den Vorbereitungen zu beachten war, sie kannten keine Sakristeienbräuche und wuchsen erst langsam in die notwendigen Kenntnisse hinein. Ein Kreis von Frauen, die die Gewohnheit hatten, zusammen zu beten, begannen sich dann um die Altarwäsche zu kümmern; von diesen Frauen will ich Ihnen erzählen. Eines Tages fragten sie den Verwalter der Kapelle, was eigentlich mit den gebrauchten Purificatoria geschehe, den Kelchtüchern, mit denen der Priester die restlichen Tropfen des gewandelten Weins aus dem Kelch aufsaugt. Die kämen mit der anderen Wäsche in die Waschmaschine, sagte der Verwalter. Die Frauen brachten zur nächsten Messe ein Säckchen mit, das sie genäht hatten. Dann baten sie um das gebrauchte Purificatorium und taten es in das Säckchen. Was sie damit machen wollten? „Das ist doch mit dem Kostbaren Blut getränkt, das darf man doch nicht in den Ausguß gießen." Daß die Kirche früher vorgeschrieben hatte, daß der Priester selbst das erste Auswaschen des Purificatoriums zu besorgen habe, daß das Waschwasser danach in das Sakrarium oder in Erde zu gießen sei, das wußten diese Frauen gar nicht. Aber sie wehrten sich dagegen, daß man diese Tüchlein wie andere Wäsche behandelte und taten instinktiv, was eine alte, nunmehr mißachtete Vorschrift verlangte. „Das ist wie dem Jesuskind die Windel waschen", sagte eine dieser Frauen. Ich wurde verlegen, als ich das hörte. Die Volksfrömmigkeit wurde da doch etwas zu konkret. Ich sah sie, wie sie da zu Hause wusch, nachdem sie vorher einen Rosenkranz gebetet hatte. Das Waschwasser brachte sie in den Vorgarten und goß es in eine Ecke, wo besonders schöne Blumen wuchsen. Am Abend deckte sie dann den Altar in der Kapelle mit einer anderen Frau. Das Adjustieren des langen schmalen Leintuchs war schwierig. Beide Frauen waren sehr konzentriert, zugleich aber mit einer unterdrückten Sorge, als pflegten sie nüchtern und effizient einen Menschen, den sie liebten. Ich habe diesen Vorbereitungen mit wachsender Neugier zugesehen. Was war das? In allen Berichten der Auferstehung ist von den gefalteten Tüchern die Rede – „angelicos testes, sudarium et vestes", wie es in der Ostersequenz heißt. Kein Zweifel, diese Frauen in der häßlichen Kapelle im zweiten Stock waren die Frauen am Grab. Sie lebten in der beständigen unbezweifelten real erlebten Gegenwart Jesu. In dieser Gegenwart verhielten sie sich natürlich – entsprechend ihrer Herkunft und ihrem Bildungsstand. Ihr Leben war Anbetung, die in sehr präzise, sehr praktische Handlungen übersetzt war – Liturgie. Wenn ich diese Frauen beobachtete, dann wußte ich, daß sie an die wirkliche Gegenwart Jesu im Altarsakrament glaubten. Das ist Glaube: was wir selbstverständlich tun.

Und wie sieht diese Selbstverständlichkeit in einer beliebigen Großstadtkirche aus? Kaum einer kniet bei der Wandlung, oft genug macht nicht einmal der Priester eine Kniebeuge vor den gewandelten Gaben. Die Hostien für die Gemeinde holt eine Dame aus einem seitlich angebrachten goldenen Schränkchen, geschäftig und sicher, als entnehme sie dem Arzneimittelschränkchen ein Medikament. Die Hostien legt sie den Kommunionempfängern in die Hand; keiner erweist ihnen die Reverenz einer Kniebeuge oder einer Verneigung.

Die viel geschmähten und verdächtigten Ästheten verfügen über eine schreckliche Gabe: die äußere Gestalt einer Sache, eines Vorgangs, eines Gedankens enthüllt ihnen mit Sicherheit die innere Wahrheit des Angeschauten. Ich habe oft genug mit frommen Apologeten über den geschilderten, überall in der Welt zu sehenden Vorgang gesprochen. Die Geistlichen waren peinlich berührt, aber sie wollten keinen geistlichen Verlust eingestehen. Das Knien sei mittelalterlich, sagten sie. Die Urchristen hätten stehend gebetet. Stehen bedeute den Auferstandenen Christus, sei die dem Christen angemessenste Haltung. Die Urchristen hätten die Kommunion auch mit der Hand empfangen. Was denn ehrfurchtslos daran sei, wenn die Gläubigen „einen Thron" für die Hostie aus ihren Händen formten? Ich billige den Leuten, die mir so etwas erzählen, zu, daß sie es ernst meinen. Aber es wird eine bei Seelsorgern kaum zu fassende Weltfremdheit und die Untauglichkeit wissenschaftlicher Argumente in liturgischen Fragen sehr deutlich sichtbar. Diese Wissenschaftler haben es immer nur mit der Geschichtlichkeit des Glaubensgutes und der Verehrungsformen. Kerneinsicht des Geschichtsdenkens muß hier aber sein: was in der einen Epoche Ausdruck der Verehrung ist, kann in einer anderen Epoche Ausdruck der Blasphemie sein. Nachdem sie tausend Jahre lang auf den Knien gelegen haben, erheben sich die Leute doch nicht in der Einsicht, die Urchristen hätten bei der Wandlung gestanden und man kehre nun zu dieser besonders authentischen Andachtsform zurück. Sie stehen vielmehr auf, klopfen sich den Staub von den Hosenbeinen und denken: Es ist wohl alles nicht so ernst gemeint. Jede Bewegung in solchen Kultfeiern spricht dieses: Ganz so ernst ist das alles nicht gemeint. Es ist anthropologisch vollkommen ausgeschlossen, daß unter solchen Umständen der kirchlich noch immer verkündigte und vielleicht mit Worten auch von Teilnehmern solcher Feiern gelegentlich noch bestätigte Glauben an die Gegenwart Christi im Sakrament irgendeine tiefere seelische Bedeutung besitzt.

Auf der Suche nach einer Kommunionpatene in verschiedenen Pfarreien habe ich erfahren, daß in meiner

Stadt die Kommunionpatenen, da sie ja jetzt unnötig geworden seien, überall zum Einschmelzen gegeben worden seien, um den Gemeinden die Anschaffung der neuen flachen Hostienschalen zu erleichtern, deren Konstruktion es dem Priester unmöglich macht, sie zu halten und dabei Daumen und Zeigefinger zusammenzulegen – die alte Ehrfurchtsgeste vor dem gewandelten Leib. Ich wiederhole, daß ich kein Theologe bin. Für mich als Menschenschilderer, als Rekonstrukteur menschlicher Motivationen ist es völlig ausgeschlossen, daß jemand, der alle Kommunionpatenen zum Einschmelzen gibt, an die leibliche Gegenwart Christi im Sakrament glaubt. Wir glauben mit den Knien oder wir glauben überhaupt nicht. „Ich kann mir nicht helfen", sagte mir einmal eine freundliche Protestantin, „aber ich finde es immer peinlich, wenn ich einen erwachsenen Mann auf Knien sehe." Diese Frau hat von der Krise der Anbetungsformen erheblich mehr verstanden, als die professionellen Schönredner mit ihren Archäologismen von Thronen und Auferstehungsgesten und Orantenhaltungen. Ein Mann auf Knien, weil er glaubt, daß sein Schöpfer in einer kleinen weißen Oblate steckt. Das ist, wir müssen Gott dafür danken, an manchen Orten immer noch ein Skandal.

Ich habe Ihnen meine Überzeugung geschildert, daß es nicht möglich ist, ohne die überlieferten Formen der Ehrfurcht und der Anbetung die Ehrfurcht und die Anbetung zu bewahren. Natürlich wird es immer den gnadenerfüllten Menschen geben, der beten kann, auch wenn man ihm alle Mittel dazu aus den Händen geschlagen hat. Und sicher gibt es viele, die mich besorgt fragen werden, ob ich glaube, daß man die neue Liturgie Papst Pauls VI. nicht auch würdig und ehrfürchtig vollziehen könne. Selbstverständlich ist das möglich, aber gerade diese Möglichkeit ist das wichtigste Argument gegen diese neue Liturgie. Man hat gesagt, daß die Monarchie tot sei, wenn es zu ihrem Überleben eines fähigen Monarchen bedürfe, denn der Monarch im alten Sinne legitimiert sich nicht durch sein Talent, sondern durch seine Geburt. Viel besser läßt sich dieser Satz auf die Liturgie anwenden: Sie ist tot, wenn es zu ihrem Vollzug eines frommen und guten Priesters bedarf. Niemals darf es möglich sein, daß die Gläubigen die Liturgie als Leistung des Priesters betrachten. Sie ist nicht das Ergebnis einer glücklichen Stunde, persönlichen Charismas, niemandem kommen Verdienste für sie zu. In ihr wird die Zeit aufgehoben – die Zeit in der Liturgie ist eine andere als die, die außerhalb der Kirchenmauern abläuft. Es ist die Zeit Golgathas, die Zeit des einzigen und einmaligen Opfers – „hapax" – und diese Zeit enthält alle Zeiten und keine. Wie kann man einem Menschen sichtbar machen, daß er die Gegenwart verläßt, wenn der Raum, den er betritt, aus lauter, höchst individueller Gegenwart besteht? Wie klug war die alte Liturgie, als sie sich entschloß, der Gemeinde das Gesicht des Priesters zu entziehen – seine Zerstreutheit und Kälte, oder, wichtiger noch, seine Andacht und Ergriffenheit.

Ich sehe die zarte Ironie auf den Lippen fortschrittlicher Seelsorger vor mir, die mich fragen, ob mir die historische Gewordenheit der Liturgie denn völlig verborgen geblieben sei. Ob ich denn allen Ernstes glaube, die Heilige Messe sei in der Gestalt des Missale von 1962 vom Himmel gefallen? Ob man denn mit Blick auf die Kirchengeschichte wirklich sagen könne, daß durch die Antastung einer Liturgie, die doch aus lauter Antastungen zusammengesetzt sei, ein Sakrileg geschehe?

Ich habe zu Beginn gesagt, daß alle Anhänger der alten Liturgie nolens volens zu Liturgiewissenschaftlern werden mußten, um die Angriffe auf die Liturgie im Zeichen der Wissenschaftlichkeit widerlegen zu können. Und sie sind widerlegt worden, sie sind als wissenschaftlich unhaltbar entlarvt worden – ich möchte hier nur den Namen von Klaus Gamber nennen, der für alle stehen soll, die das Gespinst aus falscher Archäologie und listig beigemischter Ideologie aufgelöst und entwirrt haben. Wir wissen, daß und welche Elemente des jüdischen Synagogengottesdienstes in die Heilige Messe eingegangen sind, wir kennen die Teile, die dem byzantinischen Hofzeremoniell entstammen, Mönchsbrauch und fränkische Königsliturgie sind, gotisch-scholastische Einflüsse verraten und schließlich der devotio moderna den Eintritt in das Opferzeremoniell verdanken. Die Heilige Messe, wie sie uns in der letzten vorkonziliären Form vorliegt, ist kein klassizistisches Pantheon, um es architektonisch zu sagen, sie ist, mit dem kalten Blick des Liturgiewissenschaftlers betrachtet, keineswegs ein makelloses logisches Gebäude nach dem Goldenen Schnitt, dessen Detailmaße kunstvoll und überall auf die Gesamtproportionen bezogen werden können. Viel besser kann man sie mit einer unserer alten Kirchen vergleichen: mit tief in der Erde steckenden romanischen Fundamenten, einem gotischen Hochchor, einem barocken Altarbild und mit Kirchenfenstern im Nazarenerstil. Man braucht nicht den verletzenden Blick des Reformers auf die Heilige Messe zu richten, um Unstimmigkeiten und Sonderbarkeiten in ihrem Ablauf zu entdecken. Natürlich ist jedem klar, daß es nicht so gedacht war, daß der Priester nach der Altarinzens des Beginns leise einen Psalmvers entspricht, der eigentlich nur die Antiphon zu dem ganzen Psalm ist, der einstmals den Einzug begleitete. Natürlich merkt jeder, daß es wohl nicht immer so war, daß auf das „Dominus vobiscum" und das „Oremus" vor dem Offertorium keineswegs die zu erwartende Oration folgt, sondern wiederum ein „zweckentfremdeter" Antiphonvers, der einen Psalm eröffnen sollte, der nicht mehr gesungen wird. Es mag auch als seltsam empfunden werden, daß die Gläubigen zuerst ausgesandt werden – „Ite missa est" heißt nebenbei nicht: Geht, ihr seid entlassen, sondern: Geht, es ist Aussendung, Euer Apostolat in der

Welt beginnt, – und dann nicht nur dableiben müssen, um den Segen abzuwarten, sondern auch um in Gestalt der Verlesung des Anfangs des Johannes-Evangeliums ein zweites Mal gesegnet zu werden. Und wirkliche Kenner der Materie mögen da noch mehr zu erinnern finden.

Aber selbst wenn man sagen muß, daß die Heilige Messe in ihren Texten und Abläufen schon sehr lange im wesentlichen dieselbe Gestalt hat, so war ihr Aussehen doch in jedem Jahrhundert ein anderes, dazu muß man sich nur die Kirchenbauten der verschiedenen Epochen ansehen. Die Heilige Messe in Alt-St.Peter in Rom zur Zeit des Kaisers Konstantin in der dicht mit Schleiern verhängten Basilika schwankte in der Atmosphäre gewiß zwischen mystischem Geheimkult und senatorisch-patrizischem Staatsakt. Eine gotische Kathedrale, in der zum Wohl der armen Seelen vierzig Messen an sämtlichen Altären auf einmal gehalten wurden, besaß einen anderen Geist als die barocken Bühnenhäuser, in denen das Opfer zu pompöser Orchestermusik dargebracht wurde. Und der rationalistische Purismus der französischen Benediktinerklöster, die den alten Ritus heute feiern, wäre in keinem anderen Jahrhundert als dem unsern vorstellbar. Was will ich damit sagen? Selbstverständlich ändert sich der Ritus andauernd auf seinem Weg durch die Jahrtausende! Er tut es, ohne daß irgendeiner davon etwas merkt, und ohne daß Willkür im Spiel zu sein braucht. Wir sind als geschichtliche Wesen alle dem Geist der Epoche unterworfen, der wir angehören, wir müssen mit ihren Augen sehen, mit ihren Ohren hören und nach dem Gesetz ihrer Mentalität denken. Änderungen in einem uralten Vollzug, die durch die modellierende Hand der Geschichte geschehen sind, haben keinen Autor, sie bleiben anonym und sie sind, das ist das wichtigste, ihren Zeitgenossen unsichtbar, sie treten erst nach Generationen ins Bewußtsein. Solche Änderungen und allmähliche Verwandlungen sind niemals „Reformen", denn es steckt nicht die Absicht hinter ihnen, etwas besser zu machen. Es hat zu den kostbarsten Weisheitsschätzen der Kirche gehört, daß sie imstande war, von hoher Warte auf diesen Geschichtsprozeß wie auf einen breiten Strom herabzublicken, indem sie das Unvermeidliche dieser Kraft erkannte und nur hier und dort behutsam Dämme errichtete oder Seitenarme in das Hauptbett zurückleitete. Weil die Heilige Messe keinen Autor hatte, weil man von fast keinem ihrer Teile genau hätte sagen können, wann es entstanden und wann es endgültig und überall seinen Platz in der Messe gefunden hatte, durfte jeder glauben, und konnte jeder fühlen, daß sie etwas Ewiges und nicht von Menschenhand Gemachtes war.

Eben diese Empfindung ist aber die entscheidende Voraussetzung, um die Heilige Messe richtig feiern zu können. Kein religiöser Mensch kann einen Kultus in einer Veranstaltung erblicken, die sich aus Kommentaren zur Kirchengeschichte und reformierter Pastoraltheologie zusammensetzt. Der Kultus will mit Sicherheit für alle Teilnehmer zwischen Himmel und Erde Fakten setzen; er wird zur Gefühlsunmöglichkeit, anthropologisch gesehen, wenn er nicht beanspruchen kann, objektiv, ungeschaffen, selbstverständlich zu sein. Als Teilnehmer der Heiligen Messe will ich gerade nicht tätig sein, denn ich habe allen Grund, mir und meinen geistigen und sinnlichen Antrieben zu mißtrauen. Was war denn die tätige Teilnahme der Apostel am Abendmahl? Sie ließen die erstaunlichen Ereignisse über sich ergehen, und wurden, als Petrus sich sträubte, sogar zu dieser Passivität noch eigens angehalten: „Wenn ich dich nicht wasche, dann hast du keinen Teil an mir!" Ich will in der Heiligen Messe das Glück eines Mannes aus dem Neuen Testament finden, der am Wegrand sitzt und Christus vorübergehen sieht. Denn darum geht es ja in der Heiligen Messe, deshalb wird ja das Meßopfer mit dem Mahl der Juden beim Exodus in Beziehung gesetzt – „denn es ist Phase – Vorübergang des Herrn."

Das Gewachsensein des alten Ritus ist das Zeichen, der bildliche Ausdruck für seine göttliche Stiftung. Wie von Jesus können wir von ihm „gezeugt, nicht geschaffen" sagen. Am behutsamen Umgang aller Päpste vor Papst Paul VI. mit der Messe spüren wir, daß die Kirche dies Ikonenhafte der Heiligen Messe wünschte und diesen Eindruck fördern wollte. Und deshalb müssen wir, wenn wir die Heilige Messe feiern, versuchen, alles, was wir aus der Kirchengeschichte über sie wissen, wieder zu vergessen. Ihr Kern ist die Offenbarung Christi, und deshalb will der religiöse Mensch die Messe im Ganzen als Offenbarung behandeln.

Um Zeremonien und Rituale wirklich zu religiöser Bedeutung zu erheben und damit ihrer religiösen Funktion erst eigentlich zuzuführen, hat es keinen Sinn, nach der historischen Bedeutung der einzelnen Vorschriften zu fragen. Die historischen Gründe für Handlungen der Liturgie liegen oft in irgendwelchen praktischen Notwendigkeiten, in speziellen architektonischen Gegebenheiten irgendeiner römischen Kirche, in Gewohnheiten der Agrargesellschaft oder gewissen lokalen, durchaus profanen Bräuchen. Das ist alles hochinteressant und es ist wunderschön, wie stark das Schatzhaus der Liturgie uns mit der Vergangenheit verbindet, mit dem Riesenheer der Toten, die vor uns Christen waren und ohne die wir keine Christen geworden wären – aber religiös ist das ohne Wert.

So wie aus edlen Metallen die vasa sacra hergestellt werden und aus Profanem etwas Sakrales wird, so sind auch die Zufälligkeiten und Spezialfälle der Geschichte in der Liturgie zu etwas Heiligem geworden, und das Heilige muß immer anders betrachtet werden und anderen Maßstäben genügen als das Profane. Die chassidischen Juden, diese Zeugen der letzten mystischen Bewegung Europas, haben die Überzeugung ausgesprochen, jedes Wort in ihren heiligen Büchern sei ein Engel. So möchte ich die Rubriken des Missale betrachten lernen: jede Vorschrift des Meßbuchs als einen Engel sehen. Eine liturgische Handlung, deren Engel ich erkannt habe, wird nie wieder in Gefahr sein, mir als unbeseelt, formalistisch, bloß historisch, durch die Zeiten bis hin zur völligen Sinnlosigkeit mitgeschleppt, zu erscheinen. Diese Sicht bewahrt uns auch vor der letztlich ungeistlichen juristisch-scholastischen Betrachtungsweise, die mit den Kategorien der „Gültigkeit" und mit der Formulierung von „Minimalerfordernissen" die Geheimnisse der Liturgie glaubt bewerten zu können. Es geht nicht an, es ist vom Standpunkt des religiösen Menschen gesehen sogar absurd, eine Heilige Messe wie einen notariellen Kaufvertrag zu betrachten, zu dessen Zustandekommen die verschiedensten Voraussetzungen erforderlich sind. Erforderlich ist, daß ein Priester die Wandlungsworte spricht; auch die neue Liturgie ist so gesehen nicht erforderlich. Wie sehr mißachtet eine solche Betrachtungsweise aber das Wesen des Sakraments! Die Sakramente der Kirche sind fortgesetzte Akte der Menschwerdung, der Unterordnung Gottes in die reiche Formenwelt seiner eigenen Geschöpfe. Gott wurde Mensch nicht nur mit Herz und Seele, sondern auch mit Fingernägeln und Barthaaren. So komplex, so staunenswert wie dies gottmenschliche Wesen will zeichenhaft auch die Liturgie sein, die dies Geheimnis darstellt. Und so wie die Sünderin die Füße dieses Gottmenschen wusch und der Apostel Thomas seine Wunden betastete, so fragt der religiöse Mensch bei der Betrachtung des Leibes der Liturgie nicht danach, ob er alles richtig versteht, ob er gar mit Unnötigem, Veränderbarem, Verzichtbarem konfrontiert wird, sondern er möchte diesen Leib auch in seinen geringen und marginalen Teilen verehren und lieben.

Wir lächeln oft über die Erklärungen, die das Mittelalter liebte, wenn es darum ging, irgendeinen profanen

Sachverhalt geistlich auszudeuten. Ein Kirchenschiff etwa war nicht ganz gerade an den Hochchor angesetzt worden. Darauf sagte man, die ganze Kirche stelle den Gekreuzigten dar, und das schiefe Hochchor sei der auf die Schulter gesunkene Kopf. Ich finde diese Art der Deutung vorbildlich. Sie stellt den sichersten Weg dar, einen Ritus ganz mit Gebet zu erfüllen und Form und Inhalt eins werden zu lassen. Lange bevor viele der geistlichen Gewandstücke abgeschafft wurden, war die Pflicht entfallen, beim Anlegen eines jeden Gewandstücks ein den Sinn dieses Teils ausdeutendes Gebet zu sprechen. Dieser Vorgang kommt mir beispielhaft vor – wenn die Kasel nicht mehr das „süße Joch Christi" ist, dann ist sie nur eine mehr oder weniger geschmackvolle Textilie; nichts spricht dagegen, sie wegzulassen.

Ich möchte diese meditative religiöse Sinnerfüllung an Hand von zwei liturgischen Beispielen erproben, die auch in den Kreisen der Tradition nur eine untergeordnete, oder überhaupt keine Rolle spielen. Das eine ist die Wandlungskerze, die auch im Missale von 1962 noch vorgeschrieben ist. Ich habe sie noch niemals irgendwo gesehen. Das Missale schreibt vor, daß vor der Wandlung noch eine weitere Kerze auf den Altar neben den Tabernakel gestellt wird, die erst nach der Kommunion, wenn der Tabernakel geschlossen wird, wieder gelöscht werden soll. Diese Kerze stört die Symmetrie – ist es nicht eigentlich ganz einfach, in ihr den zu den Emmausjüngern oder in den Kreis der Apostel hinzutretenden Christus zu erkennen, der sich nach einer Weile den Blicken wieder entzieht? Wenn man die Wandlungskerze einmal so gesehen hat, dann kann man nicht anders, als ihre Abwesenheit zu bedauern. Oder die Bugia, der Kerzenleuchter, der dem Bischof während der Lesungen gehalten werden soll und der natürlich bei einem morgendlichen Hochamt gar nichts heller zu machen vermag – was hindert uns, ihn als Mahnung zu verstehen, daß man die heiligen Schriften nur im Licht des Glaubens lesen darf?

Die große ikonoklastische Krise der Liturgie gewährt aber auch Chancen. Wo ein Trümmerfeld geschaffen worden ist, da ist ja im Grunde nichts mehr zu bewahren, da geht es ja um einen Neuaufbau. Es muß erlaubt sein, über den Zustand, in dem sich die Gebäude vor ihrer Zerstörung befunden haben, nachzudenken, bevor man sie wieder errichtet. Lassen Sie mich Ihnen offen bekennen, daß ich nach der Form der Heiligen Messe, wie ich sie als Kind in den fünfziger Jahren in Frankfurt am Main erlebt habe, kein Heimweh habe. Ich möchte diese Bemerkung etwas genauer erklären und werde dabei auch immer wieder auf die Form zu sprechen kommen, in der die Heilige Messe heute vielfach in Deutschland in den Kreisen der traditionstreuen Katholiken gefeiert wird.

Ich habe die Heilige Messe als – allerdings besonders begriffsstutziges und lernunwilliges – Kind niemals verstanden, und das lag wohl daran, daß die gesamte Liturgie in der Ferne als stummes Schauspiel vorüberzog, während in der Nähe ein unablässig sprechender Vorbeter die Aufmerksamkeit von den heiligen Handlungen ablenkte, indem er Gebete, Betrachtungen, Erläuterungen vortrug, die häufig weit davon entfernt waren, bloße Übersetzungen des am Altar Lateinisch Gesprochenen zu sein. Ich erinnere mich besonders an lyrische Präfationen ad usum delphini, eine sprach von den Blümlein, Fischlein und Vöglein, die Gott lobten, an den eisernen Brauch, mit der Gemeinde auf deutsch das „kleine" Glaubensbekenntnis zu sprechen, während der Priester lateinisch das „große" betete, an gedämpfte Kommentare während der Wandlung, die an die sotto voce gesprochenen Reportagen der Radiosendungen über den Segen „Urbi et orbi" erinnerten, kurzum an den aufrichtigen und sorgenvollen Eifer der mit diesen Aufgaben Betrauten, in mir die gehörige Ergriffenheit zu erzeugen. Das war das Bild einer Kirche, die ganz offensichtlich der Wirkung ihrer Riten nicht mehr traute. Ja, es ist richtig: Die Priester müssen die Laien belehren, anleiten, einweihen, zum rechten Gebet führen und dazu anhalten. Aber ich weiß, daß ich damals fühlte, wie sich vor allem während der heiligen Zeremonien das Gewicht verschob: nicht mehr der objektive Gottes-Dienst, das zugleich Gott geschuldete und von Gott geschenkte Opfer stand im Mittelpunkt, sondern ein in wachsendem Maße ängstlicher Blick auf die Gemeinde. Der Triumphalismus, der der vorkonziliären Kirche so gern zum Vorwurf gemacht wird, hatte längst etwas Überredendes bekommen. Ich erinnere mich deutlich auch des wachsenden schlechten Gewissens, das mich beim Aussprechen von Gebetsformeln befiel, die von enthusiastischer Jesusliebe und schrankenloser Hingabe hätten getragen sein müssen, wenn sie nicht einfach gelogen sein sollten.

Diese nicht auf den Dienst an Gott, sondern auf die Durchknetung und Zurichtung der gläubigen Seelen konzentrierte Seelsorge fand ihren liturgischen, oder vielleicht besser antiliturgischen Höhepunkt in den Kirchenliedern, die die Feier der Heiligen Messe völlig beherrschten. Ich kann nicht über die Liturgie sprechen, ohne die Frage des Kirchenliedes zu berühren; ich bin mir bewußt, daß in der Betrachtung dieser Frage in den Kreisen der katholischen Tradition keine Einigkeit besteht, und ich bitte jeden, der mir nicht zustimmt, mir meine Argumentation, die Meinung eines unmaßgeblichen Laien, nicht zu verübeln. Ich bin tatsächlich der festen Überzeugung, daß den Kirchenliedern für den Niedergang der Liturgie eine vielleicht ursächliche Rolle zukommt. Man erinnere sich, wie es zur Blüte der Kirchenlieder kam: Luthers Reformation war eine singende Bewegung, das Kirchenlied drückte das reformatorische Glaubensgut aus, die Lieder ersetzten die Liturgie und waren dazu bestimmt, sie zu ersetzen, sie waren von dem Kampfgeist dieser unseligen Zeit erfüllt und sollten die Seelen im Parteienstreit stärken. Eine eingängie Melodie aus voller Brust zusammen zu singen schaffte Gemeinschaftsgefühl – das wissen die Soldaten, die Vereine, die Politiker. Die katholische Gegenreformation fühlte die demagogische Kraft der Lieder. Die Leute sangen so gern; die heilsame Beeinflussung der Empfindungen gelang vermittels einschmeichelnder Melodien in strophischer Wiederholung so leicht. Allerdings gab es in der Meßliturgie eigentlich keinen Platz für ein Lied. Die Liturgie ist lückenlos; sie ist selbst ein einziger großer Gesang; wo sie Schweigen oder Flüstern vorschreibt, das Geheimnis also mit einem gleichsam akustischen Velum bedeckt, ist erst Recht kein Raum für ein Lied. Zum Lied gehört, daß es Anfang und Ende hat, es ist eingebettet in das Sprechen. Der Liturge der Heiligen Messe spricht aber eigentlich gar nicht, sein Sprechen ist Singen, weil er den „neuen Menschen" angezogen hat, weil er im heiligen Raum der Liturgie ein Gefährte der Engel ist. Das Singen in der Liturgie ist die Erhöhung und Verklärung der Sprache und ist also ein Zeichen für die Verklärung des Leibes, die die Auferstandenen erwartet. Die Nummernästhetik des Liedes – Lied 1, Lied 2, Lied 3 – ist dieser liturgischen Welt unvereinbar fremd. In den von Liedern bestimmten Gottesdiensten tritt der Gläubige beständig in neue ästhetische Welten ein. Er wechselt die verschiedensten Stile, er beschäftigt sich mit überaus subjektiven Dichtungen höchst unterschiedlichen Niveaus. Er wird gerührt und ergriffen – aber nicht von der Sache selbst, der Liturgie, sondern von dem gefühlvoll dazu vorgetragenen Kommentar. Demgegenüber ist das Band, das der gregorianische Choral zwischen liturgischer Handlung und Gesang webt, so eng, daß sich Form und Inhalt nicht mehr lösen lassen. Die das Schreiten begleitenden Prozessionsgesänge des Introitus, des Graduale, des Offertoriums und der Communio, die Responsorien des Ordinariums, die das Priester- und das Laiengebet ineinanderflechten und der rezitierende Gesangston der Lesungen und Orationen schaffen eine Stufenleiter des liturgischen Ausdrucks, auf der die Bewegungen, die Handlungen und die Inhalte der Gebete zu einer vollendeten Übereinstimmung geführt werden. Und das ist eine der katholischen Liturgie allein wesensgemäße Sprache, denn diese Liturgie ist in erster Linie nicht Andacht, Meditation, Betrachtung, Belehrung, sondern positives Handeln. Ihre Formeln bewirken eine Tat. Die geschlossene Formgestalt der Liturgie hat die Vergegenwärtigung des persönlichen und leibhaftigen Handelns Jesu Christi zum Gegenstand. Ihr Beten ist Vorbereitung des Opferns, nicht Erläuterung und Einstimmung der Gemeinde. Für den Protestantismus waren die Kirchenlieder konsequente Folge des Abschieds vom Meßopfer. Sie waren überaus geeignete Fortsetzungen der Predigt. Die versammelte singende Gemeinde fand aus den einsamen Zweifeln des Alltags zur kollektiven Sicherheit des Sonntags zurück. Einer Sicherheit, wohlgemerkt, die aus der sich gegenseitig versicherten Glaubensgewißheit stammte, nicht aus der Zeugenschaft der objektiven göttlichen Opfertat.

Es hat keinen Sinn, die Entscheidung der Jesuiten in der Gegenreformation zu beklagen, die Lieder, die den Erfolg des Protestantismus derart beflügelt hatten, nun auch für den Katholizismus nutzbar zu machen. Der Druck des Protestantismus war ungeheuer. Dem Protestantismus schien die Zukunft zu gehören. Man verteidigte die Liturgie, aber man glaubte offenbar nicht mehr so recht, daß sie die Herzen der Gläubigen wirklich erreichte. Man tastete die Liturgie nicht an, aber man ließ sie verstummen. Sie wurde eingepackt in eine die Grenzen des Phantastischen überschreitende Architektur, in die modernste Orchestermusik, virtuose Konzert-"Messen", bei denen der Kenner voll Bewunderung den Sopran-Koloraturen des „Agnus Dei" lauscht, und viele für das Volk entwickelte Andachts- und Gebetsformen, die die Liturgie hinter einem Vorhang glanzvoller oder naiver Rhetorik, je nachdem, verschwinden ließ. Und dann kamen eben auch die Lieder. Weil sie nicht genuin katholisch waren, weil sie dem Geist der Liturgie fremd waren und nicht einem spirituellen Bedürfnis, sondern einer taktischen Überlegung entsprungen waren, besaßen sie auch nicht die zum Teil doch eindrucksvolle künstlerische Kraft ihrer protestantischen Vorbilder. Aber dafür waren sie präsent: die akustische Wucht hunderter singender Menschen legte sich über die Liturgie und verwischte, was am Altar geschah. Es entstand die berüchtigte und vielfältig beklagte Zweigleisigkeit der Liturgie. Das hier etwas geschehen mußte, war klar. Aber nicht die Liturgie, die Lieder blieben Sieger, wie wir wissen. Grob gesagt: die Liturgie verschwand und dafür blickt nun die Gemeinde dem in wallende Gewänder gekleideten Vorsteher in den zu fröhlichem Gesang geöffneten Mund.

Ich spreche ganz aus meiner persönlichen Erfahrung, und ich möchte hier noch ein Beispiel nennen, an dem mir der Unterschied zwischen Lied und gregorianischem Choral besonders deutlich geworden ist. Ich möchte von einem besonders schönen Lied sprechen, das sich dazu noch ausnahmsweise in die Liturgie einigermaßen gut einfügt. Ich meine das „Te deum" in seiner deutschen Fassung, „Großer Gott, wir loben Dich!" Das deutsche Lied tritt hier, nachdem der Priester „Te deum laudamus" gregorianisch gesungen hat, einfach an die Stelle des eigentlichen, lateinischen Hymnus, es verdrängt also nicht und deckt nichts zu. Als Kind war „Großer Gott, wir loben Dich" mein Lieblingslied. Schauder vor Ergriffenheit überliefen mich. Ich sang aus vollem Halse, und ich nahm wahr, daß alle, die mich umgaben, gleichfalls aus vollem Halse sangen. Es war ein Bad in einer nicht zu steigernden Erregung; in diesem Augenblick, während die Glocken läuteten und es nur darauf anzukommen schien, die Gewölbe der Kirche mit heiligem Lärm wie einst die Mauern von Jericho zum Einsturz zu bringen, glaubte jeder, war jeder kampfentschlossen und bereit, sich der Religion ganz hinzugeben. Dann hörten die Glöckchen der Ministranten auf zu klingeln, die nächsten Strophen waren nicht mehr allgemein bekannt, der Gesang war noch stark, verlor aber seine tosende Wucht, als man aus der Kirche drängte, hatte man sich allgemein wieder gefangen. An die Stelle der Begeisterung trat die Zufriedenheit, bei besonders innigen Sängern mit leiser Verlegenheit gemischt.

Wie verwundert war ich, als ich das erste Mal ein lateinisches Te deum hörte. Ein langer, schwebender Gesang, ein federleichtes Fragen und Antworten, eine Mischung aus Psalm und Litanei und Glaubensbekenntnis, Uraltes und erlösend Neues geradezu spielerisch miteinander verbindend. Die Legende, der Heilige Augustinus und der Heilige Ambrosius hätten diesen Hymnus am Altar improvisierend einer dem anderen antwortend geschaffen, erklärte sich beim Anhören von selbst: nur so, in höchster Inspiration, in, um einen Hölderlinschen Ausdruck zu gebrauchen, „Heiliger Nüchternheit", in der Geistesgegenwart, die ein kompliziertes Spiel verlangt, konnte dieser Hymnus entstanden sein. Unmöglich, diesen Hymnus mit geschwellter Brust gleichsam auszustoßen. Er appelliert nicht an Kollektive, er setzt keine Emotionen frei. Das lateinische Te deum nimmt den Hörer und den Mitsänger sanft an der Hand und führt ihn auf einen hohen Berg, und dort eröffnet sich ein unbegrenzter Ausblick. Das Herz des lateinischen Te deum, auch wenn alle Glocken dazu geläutet werden, ist die Stille.

Ich möchte noch eine Stelle dieses Hymnus erwähnen, die bei der Übertragung in deutsche Strophen untergehen mußte, die für den Geist des Ganzen aber bezeichnend ist. Mitten im großen Lobpreis heißt es: „Dignare, Domine, die isto sine peccato nos custodire – wolle uns, Herr, diesen Tag ohne Sünde bewahren." Eine derart vorsichtige, maßvolle, von Skepsis gegen die menschliche Natur getragene Bitte könnte man niemals zu der Gewißheit forcierenden Melodie von „Großer Gott, wir loben Dich" singen. Ihr fehlt jeder Überschwang, und doch liegt ihr eine geistliche Vorstellung zugrunde, deren Anspruch die Wirkung der Posaunen von Jericho weit übersteigt: ein Tag, an dem man Gott mit den Worten des Te deum gelobt hat und dabei ohne Sünde war – war das nicht ein Tag im Paradies?

Wenn ich hier mit aller Kraft für den Gregorianischen Choral in der Heiligen Messe werben möchte, dann weiß ich, daß ich für eine alte und älteste Tradition werbe, die schon vor dem Konzil an vielen Orten verdrängt war, die ich als Kind überhaupt nicht mehr erlebt habe und die vielen Menschen, die die vorkonziliare Kirche noch in ihrer ganzen Pracht erlebt haben, nicht das wichtigste Bedürfnis ist. Die Kirchenlieder haben auch eine geistige Heimat geschaffen. Es wäre gedankenlos, den Verfall und die Zerstörung der Tradition zu beklagen und aus dieser Klage die Traditionen auszunehmen, die einem nicht passen. Die Heiligkeit der Tradition besteht eben nicht in erster Linie in ihrer Zweckmäßigkeit und Brauchbarkeit, sondern in ihrer Dauer. Gebetsformen, die hundert, zweihundert, dreihundert Jahre lang zu wirklichen Gebetshäusern geworden sind, in die die Gläubigen mühelos eintreten konnten, müssen den Schutz erhalten, der jedem gottgeweihten und aus dem Profanen ausgesonderten Gegenstand zukommt. Die Rücksichtslosigkeit, mit der man einst Verehrtes, das nun nicht mehr verehrt werden soll, profaniert, ausrangiert, abschafft, wegwirft, einschmilzt und verhökert, ist vulgär. Den zahlreichen Zerstörungswellen, die in der Geschichte unseres Landes über unsere Heiligtümer hinweggebrandet sind, der Reformation, der Säkularisation mit ihrer hunderttausendfachen Profanierung, ist die jüngste, in ihrer Zerstörungskraft durchaus ihren Vorgängern ebenbürtige gefolgt: man müßte einmal Listen aufstellen, wieviele Altäre seit dem Konzil in Deutschland zerschlagen worden sind. Unsere aufwendig restaurierten, nach der jeweils letzten Mode der Innenarchitektur teuer hergerichteten Kirchen gleichen oft sorgfältig präparierten Skeletten, die auf eine museale Zukunft vorzüglich vorbereitet sind. Niemand, der an die Kraft des Segens und des Gebets wirklich glaubt, würde es wagen, das durch den Gebetsbrauch Geheiligte, von vielen Gnaden gleichsam elektrisch Aufgeladene zu verachten und zu vernichten. Ich möchte mich zu der Behauptung versteigen, daß eine falsche Reliquie, zu der viele Generationen in ihrer Not vertraut haben und durch sie ihre Gedanken Gott zugewandt haben, den gleichen Wert besitzt wie eine echte.

Was heißt das für die Kirchenlieder? Das heißt, daß ich auch in der klaren Erkenntnis, daß es sich bei den Kirchenliedern um eine unglückliche, dem Geist der Liturgie nicht entsprechende Tradition handelt, immer dafür plädieren würde, diese Tradition nicht anzutasten, solange ich befürchten müßte, damit ein tief in der Seele der Gläubigen verankertes geistiges Gut zu beschädigen. Das ist ja gerade die schlimme Lektion der letzten fünfundzwanzig Jahre: wir haben gesehen, daß der, der die altvertrauten, die durch zahllosen Gebrauch geheiligten Gebetsformen stört, damit den Weg zu Gott abschneidet.

Überlieferte Bräuche haben Anspruch auf Ehrfurcht, solange sie bestehen. Was aber, wenn die lückenlose Fortdauer unterbrochen worden ist? Ich habe zu Beginn gesagt, was es für eine Tradition bedeutet, wenn sie unterbrochen, in Frage gestellt, wird, wenn sie ihre Selbstverständlichkeit verliert. Und daß die Tradition der eintausendfünfhundertjährigen römischen Liturgie unterbrochen, unwiderruflich unterbrochen worden ist, das müssen wir uns in aller Härte eingestehen. Wir haben mit sprachlosem Entsetzen gesehen, daß die oberste katholische Autorität die ganze Macht, die ihrem Amt in Jahrtausenden zugewachsen ist, dazu verwandt hat, die Gestalt der Kirche, die Liturgie, auszulöschen und etwas anderes an ihre Stelle zu setzen. Bis auf den heutigen Tag arbeitet ein großer intelligenter und effizienter Apparat unablässig daran, die damals gefaßten Beschlüsse noch in das hinterste Andendorf und die letzte chinesische Katakombenkapelle zu tragen. Ein deutscher Bischof schilderte jüngst in der Zeitung die Not der bulgarischen Katholiken, die gewiß tausend Prüfungen ausgesetzt sind – aber der wichtigste Mißstand war doch, daß dort noch alte Meßbücher in Umlauf sind. Ein hoher Funktionär des Jesuitenordens erzählte mir von einer Reise nach Schweden, die er mit einem Ordensbruder unternommen hatte. Selbstverständlich seien sie in den protestantischen Gottesdienst und dort auch zum Abendmahl gegangen, und erst als sie beim Abendmahl die Handkommunion als einzige verlangt hätten, sei allen klar gewesen, daß sie Katholiken waren. So deutlich ist das Erscheinungsbild des Katholiken bereits verändert. Wer am klassischen römischen Ritus festhält, wer trotz der erdrückenden Tatsachen an der Verehrung und am Schutz des heiligen Raums festhalten will, der muß wissen, daß er das ohne die mindeste Berechtigung zur Hoffnung, sei sie politisch, historisch oder soziologisch begründet, tun muß. Wer dem eintausendfünfhundertjährigen Meß- und Opferritus treu bleibt, schwebt im luftleeren Raum. Dieser Ritus ist von der Hierarchie, die zu seinem Schutz erschaffen worden ist, verlassen. Den Priestern, die in Treue zur Liturgie den Ungehorsam wagen, drohen Bannflüche; die gehorsamen Priester, die dennoch nicht von diesem Ritus lassen wollen, werden von der zölibatären Bürokratie, ein Ausdruck Carl Schmitts, genußvoll zermahlen. Es ist zutiefst unvernünftig, seinen Seelenfrieden für den Kampf um die

Liturgie aufs Spiel zu setzen. Aber wer es dennoch tut, der kann es ja dann auch richtig tun – nicht für ein Kirchenlied aus dem Jahre 1820, sondern für das archaisch-junge Kleid, das die heiligen Geheimnisse wie eine Haut umschließt. Bewahrung der Liturgie ist, so scheint es mir, Wiederherstellung der Liturgie.

Es gibt noch andere Momente, in denen die Feier der Heiligen Messe, wie sie in den Orten der Tradition üblich ist, vom eigentlichen Geist der Liturgie abweicht, wenn ich ihn denn recht verstanden haben sollte. Das Hauptübel, ich habe es schon bei den Liedern erwähnt, ist die Zweigleisigkeit: mehrere kultische Handlungen oder Gesänge, die nicht zueinander gehören, aber zur gleichen Zeit dargebracht werden. Auch dort, wo nicht ein Eingangslied, sondern von der Schola der Introitus-Antiphon gesungen wird, singt man ihn nicht zur Prozession der Zelebranten oder dann, wenn der Priester diesen Antiphon im Meßbuch liest, sondern während des Psalms Judica und des Confiteor. Der Text des Psalms Judica ist aber so bedeutend, er trifft so gut die seelische Verfassung des aus der Welt den heiligen Raum Betretenden – quare es tristis, anima mea et quare conturbas me? – Was bedrückt dich, meine Seele, und warum verwirrst du mich? –, daß man ihn mitlesen können sollte. Die Gemeinde sollte auch Gelegenheit haben, für das Seelenheil des Priesters im Confiteor zu beten, nachdem sie seine Beichte entgegengenommen hat. Der Psalm Judica und das Confiteor sind durch gleichzeitigen Gesang im Erlebnis der Gemeinde so lange zu einem schnörkelhaften Gemurmel herabgedrückt worden, daß es niemanden besonders erregte, diese Gebete einfach zu streichen. Natürlich ist das der falsche Weg: einem an den Rand gedrückten Gebet wird man nicht dadurch gerechter, daß man es unter den Tisch fallen läßt oder daß man es weiterhin am Rand beläßt, sondern daß man es wieder in den Mittelpunkt rückt.

Das gleiche gilt für das Schlußevangelium. Der Priester liest es in den meisten Heiligen Messen im Sinne der Tradition schweigend, er macht seine Kniebeuge beim „Et verbum caro factum est", wie eine private, eigentümlich nachgeholte Andachtsübung, während die Gemeinde mit ganz anderen Inhalten singend beschäftigt ist. Dabei ist das Schlußevangelium ein weiterer Segen mit dem Wort, ein Sakramentale, das der Gemeinde gilt. Und was faßt die katholische Lehre von der Heiligen Messe besser zusammen als ebens diese mit der Kniebeuge geehrten Schlußworte? Bei der Elevation der Hostie haben die Gläubigen die Fleischwerdung des Wortes erlebt, sie haben seine Herrlichkeit gesehen, zugleich geopfert und verklärt, schutzlos und heilig. Wer die Notwendigkeit empfindet, an diesem monumentalen Text festzuhalten, darf ihn nicht als ein hastig weggemurmeltes Anhängsel behandeln. Es gilt auch hier wieder: nur ein ruhiges, konzentriertes In-den-Mittelpunkt-Stellen schützt davor, die Notwendigkeit des Schlußevangeliums zu verkennen.

Auch das Meßbuch von 1962 noch schreibt in seinen Rubriken vor, daß die Ministranten jeden Gegenstand, den sie dem Priester reichen, ehrfürchtig küssen, und daß sie dann die Hand des Priesters gleichfalls küssen. Ich kenne kein besseres Mittel als den ehrfürchtigen Handkuß, um die Stelle aus dem Kanon, wo von den „heiligen und verehrungswürdigen Händen" Jesu die Rede ist, kenntlich zu machen. Das geschieht genau in den Momenten, in denen der Priester immer gerade auch in Gesten verwandelt, was er ausspricht, und auf diese Weise ausdrückt, daß er nun in persona Christi handelt. In Deutschland ist auch in Kreisen der Tradition dieser Handkuß nur sehr selten zu sehen; er sei schon sehr lange nicht mehr üblich gewesen, sagt man gern zur Erklärung. Ich weiß nicht mehr, was üblich war. Seit fünfundzwanzig Jahren ist alles mögliche üblich und nicht üblich, und an die Zeit davor ist meine Erinnerung lückenhaft. Ich nehme das alte Meßbuch auf, als habe ich es an einem wüsten Strand gefunden. Ich schlage es auf und trete in seine reiche, sinnvolle Ordnung ein. Da habe ich den Maßstab. Die regionalen Bräuche sind dagegen doch samt ihren Beweggründen – ehrwürdigen und ernstzunehmenden, gewiß! – längst zu Schatten geworden.

Wenn ich in den heiligen Raum der Liturgie eintrete, dann leide ich unter jeder Unterbrechung, ich leide, um es in einem Bild zu sagen, wenn das Kleid der Liturgie zerreißt. Ein solcher Riß ist die Predigt. Lassen Sie mich noch einmal daran erinnern, was die Gläubigen erlebt haben, bevor die Predigt beginnt. Am Anfang stand die Prozession des Einzugs. Von Weihrauch und Kerzen begleitet, die die Gegenwart des Christkönigs verkünden, ist der Priester als zweiter Christus, als Christus beim Einzug in die Stadt Jerusalem, an den Altar gezogen. Dort hat er tief verneigt seine Sünden bekannt und die Hierarchien der Engel und Heiligen und die versammelte Gemeinde zur Fürbitte aufgerufen, er hat der gleichfalls bekennenden Gemeinde das Sakramentale „Indulgentiam, absolutionem" gespendet. Er hat den Altar beräuchert, wie der Leib des toten Christus mit Spezereien versehen worden war – er hat gezeigt, daß der Altar Christus ist. Er hat den Hymnus des „Gloria" gesungen und damit an die Gegenwart der Engel erinnert, die den anwesenden Herrn umgeben. Die Lesungen aus den heiligen Schriften wurden singend in größter Feierlichkeit vorgetragen; der sprechende Christus wurde wiederum mit einer Prozession mit Weihrauch und Kerzen geehrt. Der Gläubige ist nun schon tief in einer anderen Welt. Er hat verstanden, daß jede Willkür, jede Spontaneität verstummen muß, wenn es darum geht, das objektiv ganz andere sichtbar zu machen. Er sieht nun, daß der Liturge seine Persönlichkeit aufgegeben hat, weil er in eine viel größere Rolle eingetreten ist, ja, mehr als eine Rolle – eine objektive Verkörperung. Er sieht nur selten das Gesicht des Priesters, denn wenn sich der Priester kurz der Gemeinde zum „Dominus Vobiscum"-Gruß zuwendet, hält er den Kopf leicht zu Boden geneigt. Aber der Gekreuzigte, der den Altar überragt, blickt die Betenden an; er ist es, der handelt, während sein Leiden in authentischen Formeln der Überlieferung ins Gedächtnis der Versammelten zurückgerufen wird.

Und dann die Ruptur. Der Zelebrant tritt aus dem geformten Ablauf heraus und kehrt in seine Person zurück, er wird wieder der hochwürdige Herr Doktor XY. Zunächst beginnt er mit den Vermeldungen für die Woche – am Montag, dem Soundsovielten, Fest des Heiligen Z., Heilige Messe um 7 Uhr, nachmittags Treffen der Frauen mit Dia-Vortrag über die Oberschwäbischen Barockkirchen, Kuchenspenden erwünscht. Dann Kreuzzeichen und dann die Auslegung der Schrift, wie sie, ich weiß das wohl, schon in den Synagogen zur Zeit Jesu nach den Schriftlesungen gehalten wurde und wie sie dann auch in den ersten Gemeinden bereits an dieser Stelle stattfand. Damals sind die beiden Welten, die sakral-feierlich und die prosaische freie, offenbar noch aus einem Guß gewesen, sie fügten sich ineinander ein. Wir sehen ja, wie aus biblischer Prosa, aus theologischem Sprechen des Heiligen Paulus Gesang werden kann im gregorianischen Choral. In der Gründungszeit unseres Glaubens waren die einzelnen formalen Gattungen nicht streng geschieden, das ist das Abzeichen einer großen Stunde der Kultur. Inzwischen ist aber sehr viel Zeit vergangen. Mir geht es heute, wenn die Predigt beginnt, als verblasse die überzeitliche Welt, in die ich gerade erst eingetreten bin. Ich finde mich ernüchtert in meiner Gegenwart wieder, mit all ihren geistfernen Schwächen und Halbheiten. Die Aufgabe ist, das sei gerechterweise gesagt, ästhetisch nicht zu lösen. Welche Art Predigt verletzt die Einheit mit der Liturgie empfindlicher: die salbungsvolle oder die schnodderige, die intellektuelle oder die donnernde, die kunstvolle oder die holzschnittartige, die innige oder die nüchterne? Allgemein bekannt ist die Lehre des Bertolt Brecht vom epischen Theater, einer inzwischen zum Glück längst dahingewelkten, an ihrem eigenen Staub erstickten Kunstform. Brecht wollte aufklären; deshalb sollten seine Stücke keine Illusionen erzeugen, sondern als durchsichtige Parabeln den Zuschauer belehren. Beständig hatten die Schauspieler das Publikum darauf hinzuweisen, daß sie gar nicht seien, was sie gerade spielten. Brecht kannte sich gut aus in der alten abendländischen Kultur. Sollte er – das halte ich nicht für ausgeschlossen – bei der Entwicklung seines epischen Theaters am Ende an die Predigt in der Heiligen Messe gedacht haben? Der Effekt ist freilich der gleiche: der hierarchische Opferpriester wird wieder in den Kontext psychologischer Modernität gerückt, sein „Rollenspiel", um mich entsprechend auszudrücken, wird transparent. Ja, wenn es sich bei der Heiligen Messe um eine Theateraufführung handelte! Es ist doch genau umgekehrt: wir verlassen in Wahrheit in der Heiligen Messe unter dem Zeltdach ihrer Riten doch gerade das Reich der Täuschungen, wir treten doch gerade während der Heiligen Messe in das Reich der Wirklichkeit ein! Nicht Illusionen können uns genommen werden, wenn man den Ablauf der Heiligen Messe stört, wir werden vielmehr in die Illusion zurückgestoßen, wenn die Heilige Messe aufhört. Ich darf immerhin daran erinnern, daß die orthodoxe Kirche keinen Raum für die Predigt während der Liturgie gewährt, sie läßt die Predigt nach der Messe folgen, wenn der Priester die heiligen Gewänder abgelegt hat. Ich sehe noch das entrüstete Kopfschütteln eines russischen Freundes, den ich in eine Heilige Messe im klassischen Ritus mitgenommen hatte, als die bewußten Vermeldungen vorgetragen wurden, eine nach orthodoxem liturgischem Empfinden, gelinde gesagt, Denkunmöglichkeit. Ich bin weit davon entfernt, an dieser alten Gewohnheit, in der Heiligen Messe nach dem Evangelium zu predigen, mit Gegenvorschlägen rütteln zu wollen, aber ich meine doch, daß es wichtig ist, sich darüber klar zu sein, daß hier ein Problem liegt – ein Problem, das diesen Namen verdient, weil es dafür nicht so ohneweiteres eine Lösung gibt.

Weniger scharf als durch die Predigt wird der Fluß der Liturgie durch den Brauch unterbrochen, daß sich der Zelebrant während des von Volk und Schola gesungenen „Gloria" und „Credo" vom Altar zurückzieht und sich seitlich hinsetzt. In den Rubriken des lateinischen Meßbuchs habe ich nichts darüber finden können. Die Zweigleisigkeit der Zeremonie, ihr Stocken, wird aber in diesem Vom-Altar-Weggehen doch sehr unglücklich betont. Der Priester hat schnell und leise die entsprechenden Gebete von der großen Kanontafel abgelesen, alles Erforderliche ist nun geschehen, aber die Gemeinde ist noch nicht soweit, sie singt langsam und schleppend, und der Priester wartet, bis dies Hindernis im Voranschreiten endlich überwunden ist. Dabei ist es doch der Priester, der die Gebete der Gemeinde gleichsam auf den Altar legen muß, wie es der Erzengel Michael mit den Gebeten der Heiligen in der Geheimen Offenbarung des Johannes tut. Wenn die Gemeinde ihren Glauben bekennt und damit ihren Anspruch und ihre Berechtigung dartut, an den nun folgenden Geheimnissen überhaupt teilnehmen zu dürfen, ist es doch der Priester, der dieses Bekenntnis entgegennehmen muß, anstatt gleichsam, nach Sprechen des eigenen Gebets, abwesend zu sein. So wie wir alles „durch Christus" erbitten sollen, so geschieht liturgisches Beten immer durch den Priester, und das wird besonders schön deutlich in den Responsorien der großen Gebete. Erinnert das wechselnde Sprechen im

„Gloria" oder „Credo" nicht an die Art, in der ein Erwachsener, die Mutter oder der Vater, einem Kind ein Gedicht beibringt? Immer wieder wird ein kleines Stück aufgesagt und immer wieder fällt dem Kind der Rest der Zeile daraufhin wieder ein. So, wie ein Kind, würde ich gern von meinem Vater, dem Priester, durch das „Credo" geführt werden.

Wenn ich es richtig sehe, stehen dem gemeinsamen Beten von „Gloria" und „Credo" auch keine wirklichen rubrizistischen Schranken entgegen. Das gibt mir die Hoffnung, daß ich mich mit meinen Anregungen noch im Bereich des Zulässigen bewege. Was ich auf jeden Fall vermeiden möchte ist alles, was an die eifrige Arbeit der zahlreichen Liturgieausschüsse erinnert. Es geht nicht darum, Liturgie zu „gestalten", wie das heute heißt. Das Wunderbare ist, daß die Liturgie in den Rubriken und Meßtexten bereits ganz und gar gestaltet ist; wir brauchen nur einige Verhüllungen abzunehmen, um diese Gestalt in ihrer ganzen Skulptur sichtbar zu machen.

Große mystische Seelenführer haben seit der Reformation immer wieder dazu aufgefordert, den Alltag zu heiligen. Das ist ein erhabenes Ziel; im Leben der Mönche ist gewiß die beste Disposition gegeben, diesem Ziel näherzukommen. In großem Respekt vor dieser geistigen Bewegung möchte ich jedoch daran erinnern, daß diese Zielsetzung erst der zweite Schritt im religiösen Leben eines Menschen sein kann. Der erste Schritt ist, das Heilige zu sehen und heilig zu halten, im Alltag den Raum und die Zeit für das Heilige abzustecken, das Heilige vom Profanen abzusondern. In der Sprache des Dritten Gebots: Gedenke, daß du den Sabbat heiligest. Das ist das Gebot, das wir befolgen, wenn wir in der großen alten Liturgie am Auferstehungstag, dem Sonntag, das uns von Christus geschenkte Opfer feiern: als nicht alltägliches, nicht menschengewillkürtes, sondern offenbartes Wunder der Heiligkeit Gottes, als Bild der Erlösung aus der Hand der Kirche, das uns von oben gereicht wird, wie man die Heilige Kommunion empfängt.

Ich habe schon verschiedene Male von dem Lächeln gesprochen, mit dem viele moderne Geistliche bedenken würden, was ich ausgesprochen habe. Es scheint so, als lebten in der Kirche inzwischen zwei verschiedene Menschentypen, die sich nicht mehr miteinander verständigen können, auch wenn beide guten Willens wären. Und die Verständigung ist ja auch keineswegs nur vom guten Willen abhängig, sondern von einer gemeinsamen Sprache. Daß diese gemeinsame Sprache verloren gegangen ist, daß eine Frau, die den Rosenkranz beten will und ein Priester, der ihr rät, statt dessen lieber etwas Vernünftiges zu tun, nicht mehr miteinander sprechen können, das ist nicht nur Ergebnis menschlicher Schuld, es ist auch Ausdruck einer kulturellen Entwicklung des Westens, die den modernen, irreligiösen, rationalistischen, metaphysisch blinden Menschen hervorgebracht hat. Die Religionsforscher haben sich dieses Phänomens angenommen: sie nennen den Menschentypus, der glaubt, durch sakrale Akte eine Verbindung zwischen Makro- und Mikrokosmos herstellen zu können, der die materielle Gestalt als Spiegel der Transzendenz begreift und in der Gegenwart Gottes oder der Götter lebt, den homo religiosus. In diesem Sinne waren beinahe alle Menschen bis zum 18. Jahrhundert homines religiosi. Wir wissen, daß sich das im Westen seither geändert hat und wir kennen viele Beispiele gerade auch unter Christen, die in diesem Sinn nicht mehr homines religiosi sind. Haben wir den Weltgeist verschlafen? Sind wir Dinosaurier – kurz vor dem Aussterben? Ich hüte mich, hier eine Prognose zu wagen. Es ist auch gleichgültig – der homo religiosus kann aus seiner Haut nicht heraus; es grämt ihn nicht, mit den Massen Afrikas, Asiens und Lateinamerikas zu den Rückständigen der industriellen, fortschrittlichen

Weltgesellschaft zu gehören. Der hundertjährige Ernst Jünger erinnerte daran, daß die geistige Welt Voltaires, gemessen an der Dauer der Geschichte des Menschen, kaum mehr als eine Sekunde ausmache. Der homo religiosus rechnet in anderen Zeiträumen.

Braucht das Christentum eine Liturgie?

Ich möchte Sie zu Beginn auf einen hohen Berg führen, einen schroff abfallenden Felsen über dem Meer, den Monte Tiberio auf der Insel Capri. Dort oben lag die schönste und größte der Planeten-Villen des Kaisers Tiberius, die Villa Jovis; von ihren Terrassen blickte man auf einen mächtigen Minerva-Tempel, der auf dem Festland lag und von dem kein Stein erhalten ist. Auch die Villa Jovis ist bis auf ihre Grundmauern ausgeräubert; einige schöne Marmorböden aus den Salons des Palastes hat man in den Dom von Capri überführt. Was die Bauern, die aus Marmor Kalk brannten, an Statuen übriggelassen haben, steht im Museum. Tiberius galt in den vergangenen Jahrhunderten als eine Art Teufel wie Nero, womit man ihm sicher Unrecht getan hat, aber es bleibt die Tatsache bestehen, daß er in dem Jahr, als sein Prokurator Pilatus die Hinrichtung Jesu gestattete, hier oben residierte. Ein Erdbeben zerstörte in diesen Jahren den Leuchtturm der Villa Jovis. Die Tradition sieht diesen Leuchtturm, dessen Ruinen noch stehen, in unterirdischen Linien mit Golgatha verbunden. Und so war es dann naheliegend, inmitten des versunkenen Palastes auf der Bergspitze eine kleine Kapelle zu bauen, mit einem Zimmerchen daneben, in dem ein Einsiedler wohnte. Diese Kapelle wird heute nur einmal im Jahr geöffnet, zum Fest Mariae Namen am 8. September, das in Neapel unter dem Namen Madonna di Piedigrotta eines der kirchlichen Hauptfeste mit großem überbordendem Volksfest ist. Dann wird das Kapellchen mit Glühbirnchen wie ein Karrussell geschmückt, der Hochaltar ertrinkt in Gladiolen, das Ölbild der Madonna erscheint noch schwärzer und verrußter in der frischen Blütenpracht. Den Rest des Jahres laufen die Mäuse durch den verlassenen Raum und nagen sich Zugänge in die Schubladen der Sakristei.

In einer Zeit meines Lebens, in der ich mich viel in Capri aufgehalten habe, besuchte mich jedes Jahr ein englischer Priester, der in Genua lebte. Er gehörte zu den Priestern, die man an ihrer Kleidung erkennt und die auch in Süditalien selten geworden sind. Bei den Geistlichen in Capri war man von dem Mann in Soutane noch weniger erbaut, als man hörte, daß er allen Ernstes gedachte, jeden Tag allein eine Heilige Messe zu zelebrieren, obwohl man seinen religiösen Skrupeln so weit entgegenzukommen bereit war, daß man ihm anbot, in der Kathedrale an der Konzelebration teilzunehmen. Der englische Priester war ein sehr praktischer Mann, kein großer Theologe, aber mit einem ausgeprägten Sinn für das unmittelbar Notwendige und Naheliegende. Er erhielt schließlich den Schlüssel zu dem Kapellchen in der Villa Jovis, ein ferngelegener, ungefährlicher Ort. Da würde er niemanden irritieren. An einem späten Nachmittag stiegen wir zuerst dort hinauf, einen langen, beständig leicht ansteigenden Weg über die Höhen mit einem weiten Blick über den Golf. Oben wollte sich das Schloß nicht drehen lassen, es war in der hohen Luftfeuchtigkeit der Insel seit dem letzten Jahr eingerostet. Moderluft kam uns entgegen, als die Tür sich dann öffnete. Die Blechtüre des Tabernakels stand offen. Ein paar schmutzige Blumenvasen standen auf der Altarplatte, eine Plastikdecke schützte ein unter ihr verfaulendes Altartuch. Die Kerzen waren heruntergebrannt. Die Stühle standen unordentlich herum. Die Sakristei sah aus, als sei sie fluchtartig verlassen worden. Leere Flaschen, ein kitschiger Kelch aus irgendeiner kupfrigen Legierung, Mausefallen, elektrische Drähte für die alljährliche Illumination, verkrustete Blumenvasen, ein Stuhl mit drei Beinen – daraus bestand das Stillleben, worauf wir blickten. Der Priester öffnete die Schubladen. Von der Feuchtigkeit zusammengebacken lag da die Altarwäsche und die Alben, ein schimmelbedecktes zerfallendes Meßbuch kam zum Vorschein. Meine Eltern hatten mir gerade ein altes Meßbuch geschenkt, ich wollte gern eines aus der Zeit des Heiligen römischen Reiches haben, es war von 1805, also gerade noch richtig, in Regensburg herausgegeben und dies hier war dieselbe Ausgabe, mit denselben blassen naiven Kupferstichen. Die Verwahrlosung der Kapelle hatte keinen Charme, dies war kein Pompeji, sondern ein Müllhaufen, der noch nicht Kompost geworden ist. Üble Gerüche hingen in der Luft, dies war ein toter Ort.

Mein priesterlicher Freund erlaubte sich keine solchen Reflexionen. Er hatte etwas vor und verlor keine Zeit. Er öffnete das Fenster, warme Luft drang ein. Er nahm aus der Ecke einen Strohbesen und begann die Sakristei auszufegen. Er wischte die Tischplatte sauber. Er breitete die Stoffe aus den Schubladen aus und untersuchte sie – sieh da, eine Albe war sauber und heil geblieben. Er reinigte sorgfältig den Kelch. Er fand ein verbogenes Kruzifix und stellte es, nachdem er es geküßt hatte, auf den Sakristeischrank. Er richtete den Altar her, die Blumenvasen kamen in eine Ecke der Sakristei. Die Stühle standen bald wieder in einer Reihe. Ein neues Altartuch wurde ausgebreitet. Wir fanden zwei Kerzen, die auf die hohen Leuchter gesteckt wurden. Als „Volksaltar" stand da ein mit Holzimitation und metallenen Weintrauben beklebter Tisch – „Der gibt eine sehr gute Kredenz", sagte der Priester und mit einer Bewegung stellten wir ihn an die rechte Wand. Er entdeckte das Glockenseil, stellte sich draußen auf die Leiter und befestigte es an der kleinen Glocke. Jetzt war der Bann gebrochen, die Trübsalskruste gesprengt. Durch die geöffnete Kirchentür wehte der Wind wie der Atem, der ein Instrument zum Klingen bringt. Der Priester legte eine fleckige violette Satinstola um, leerte eine mitgebrachte Mineralwasserflasche in einen rosa Plastiktopf, begann zu beten, fügte Salz hinzu, machte die

Segensgeste und goß das Wasser in die kleinen Marmormuscheln neben dem Eingang. Ich glaubte, den Stein in einer Art Erwachen seufzen zu hören. In der Sakristei lag jetzt ein zerknittertes Meßgewand aus goldenem Lurexgewebe. Ich zog an dem Glockenseil. In der Abendluft schepperte es dünn, der Wind zerstreute den Klang in alle Richtungen. Von Fern näherten sich Leute. Der Glockenklang zog sie an. Als der Priester aus der Sakristei trat, mit dem zerknitterten Goldgewand angetan, saßen etwa zwanzig Frauen und Kinder in den Reihen. Der Priester verneigte sich vor dem Altar und begann zu sprechen: „Introibo ad altare Dei."

Niemals ist mir der Psalm „Judica" zu Beginn der Messe so deutlich, so mit Leben erfüllt erschienen. Die Verse schienen auf das, was ich soeben gesehen und erlebt hatte, genau zugeschnitten zu sein. Es gab den Aufbruch aus der Stadt, in der diese Messe nicht gefeiert werden durfte – „quare me repulisti, et quare tristis incedo, dum affligit me inimicus? – warum denn willst du mich verstoßen, was muß ich traurig gehen, weil der Feind mich bedrängt?" Es gab den langen Weg auf den Berg zu der Kapelle – „Emitte lucem tuam et veritatem tuam, ipsa me deduxerunt et adduxerunt in montem sanctum tuum et in tabernacula tua – Send mir dein Licht und deine Wahrheit, daß sie zu deinem heiligen Berg mich leiten und mich führen in dein Zelt". Und es gab dieses Aufräumen und Vorbereiten in der vernachlässigten Kapelle, und diese Vorbereitungen wollten mir jetzt nicht nur als ein banales Putzen, sondern auf mir neuartige Weise zur Liturgie gehörig erscheinen: „Judica me, Deus, et discerne causam meam de gente non sancta" – Richte mich, Gott, und scheide meine Sache von dem unheiligen Volk. Dieses Discernere hatte in meinen Augen der Priester vorgenommen, als er den Ort des Opfers reinigte, die Kerzen anzündete, das Wasser weihte, den Staub abwischte und die Mausefallen in die Ecke warf. Sein Aufräumen und Vorbereiten war für mich ein Abstecken des heiligen Raumes, ein Scheiden der gens sancta von der gens non sancta. Wie Abel oder Noah baute er erst einmal einen Altar, bevor er zu opfern begann, wie Moses steckte er den Platz für die Stiftshütte ab. Vor dem Beten stand dies Abstecken, Reinigen, Vorbereiten. Das Beten war überhaupt nur in einem solchermaßen abgesteckten Raum möglich. Mit dem Entschluß zu beten war das Überschreiten einer Grenze erforderlich, die man selbst zog, diese Grenze überschreitend verließ man das unheilige Volk und wurde zum heiligen Volk, das es wagen durfte, seine Sache Gott anzuvertrauen.

Ich möchte jetzt einmal eine Frage stellen, die mich selbst geradezu überrascht: Was hat das Christentum mit solchen Phänomenen, wie ich sie eben geschildert habe, eigentlich zu tun? Heilige Räume, die Scheidung des Heiligen vom Profanen – ist das etwas Christliches? Ich stelle diese Fragen vom frühen Christentum her, auch von der Zeit Jesu. Erleben wir das Wirken Jesu nicht als eine mächtige Revolution gegen jeden Ritus? Wer wird von den Verfluchungen des Erlösers härter getroffen als die Priester und Schriftgelehrten seiner Zeit? Wir sehen den zwölfjährigen Jesus im Tempel, im Haus seines Vaters, wie er selbst sagt, lehren, aber er kehrt später nur in einem Sinne dorthin zurück, der wenig von Gottesdienst und Opfer an sich hat, er dringt beunruhigend und aufrührend dort ein. Wenn wir an die Orte denken, die mit dem Wirken Jesu verbunden sind, ist kaum ein ritueller darunter. Höhlen, einsame Gefilde, die Wüste, eine flache Stelle am Jordan, irgendwelche Wohnhäuser, Viehtränken, Bootsanlegestellen, sind die Schauplätze seiner größten Handlungen. Er schweift umher; um ihn herum scheint Raum und alte Ordnung aufgehoben und eine neue Ordnung kaum sichtbar gegründet. Um ihn herum gilt kein Sabbat, kein Speisegebot, keine moralische Discernatio. Er betritt die Häuser der moralisch Unberührbaren und weist jedes rituelle

Bedenken schroff zurück. Wo Jesus ist, herrscht der bitterste Mangel oder der sorgloseste Überfluß. Wenn er zeichenhaft, in der Wurzel also rituell oder künstlerisch handelt, gebraucht er dazu die Gegenstände des täglichen Lebens. Man lese einmal die mosaischen Speisegesetze, was da alles nicht gegessen werden darf, was nicht mit diesem oder jenem zusammen, was nicht heiß oder kalt konsumiert werden darf, und sehe daneben Brot und Wein, die Beigaben, die das jüdische Opfermahl nur begleiteten. Er wäscht den Jüngern die Füße – bei dieser Gelegenheit entsteht übrigens der erste Ritenstreit der Christenheit, denn Petrus versteht diesen Akt offenbar als eine Art Taufe und will deshalb ganz gewaschen werden, und Christus belehrt ihn, daß es bei diesem zeichenhaften Waschen nicht um einen Akt der Sündenvergebung, sondern um einen Ausdruck der Liebe des Schöpfers zu seinen Geschöpfen geht. Aber auch dies Füßewaschen ist aus den Alltagsvollzügen des Lebens genommen. Der Menschensohn hat keinen Platz, wohin er sein Haupt legen kann – aber man spürt zugleich ganz deutlich, daß er einen solchen Platz, einen heiligen Ort, einen Gottesplatz, wo die Frommen um ihn herum Hütten bauen könnten, auch gar nicht haben will. Die großen Leidensstationen – ein Garten, ein Hof, eine Straße, der Hinrichtungsplatz, das zum Glück noch ganz schnell besorgte Grab – haben alle etwas Zufälliges, sie sind an die Stadt Jerusalem gebunden, das ist richtig, aber Jerusalem wird eben gerade nicht mehr als heiliger Ort erlebt, sondern als totgeweihte, zurecht der Verwüstung anheimgegebene Stadt. Judäa war auch zu vorchristlichen Zeiten bereits „Heiliges Land", in dem überall Erinnerungen an Gottes Handeln durch Patriarchen, Richter, Könige und Propheten gepflegt wurden. Diese Haftung an den Boden, wie sie fast jede Religion kennt, löst Jesus mit einer geradezu sakrilegischen Achtlosigkeit auf. Man kann ja sagen, daß für die alte Welt die Gottheit auf das engste mit bestimmten Orten verbunden war; um sie zu verehren, mußte man sich an ihren Wohnort begeben; wenn man diesen Ort verließ, verließ man auch den Gott. Die frühe Christenheit nach dem großen Konstantin kennt ein teilweise sehr unerfreuliches Wüten gegen die heiligen Orte der alten Religion, als randalierende verwilderte Mönche und von Fanatikern aufgehetzter Mob die Tempel anzündete und die alten Götterbilder, die zu den größten künstlerischen Schöpfungen der Menschheit gehörten, umwarfen und zerschmetterten. Paulus wollte gar keine religiösen Feste gefeiert wissen. Für die Erlösten war jeden Tag Ostern; dieser Pilgerweg durch die Zeit, den die Menschheit, den Juden in der Wüste vergleichbar, unternommen hatte, war am Ziel angelangt, die Geschichte war zu Ende; der Getaufte lebte in einem ewigen Jetzt im Anblick Christi, zwar auf Erden nur wie durch einen Spiegel gesehen, aber in dem Bewußtsein, schon im Fleisch vom Schöpfer erkannt und umfangen zu sein.

Es kommt mir vor, daß der heftige antirituelle Affekt, den wir in vielen Phasen der Geschichte des Christentums entdecken können, in seinen Anfängen, beim Heiligen Franz von Assisi, bei den protoprotestantischen Bewegungen des Mittelalters, in der Reformation Luthers und Zwinglis, im Gallikanismus und Josephinismus des 18. Jahrhunderts, in der liturgisch ikonoklastischen Bewegung unserer Tage, daß dieser antirituelle Affekt also sich zwar mit der jeweiligen Geistessituation der einzelnen Epochen verbindet, daß er darüberhinaus aber doch sehr tiefe Wurzeln im Christentum hat. Meistens sind es heftige, radikale, leidenschaftliche Bewegungen, die sich gegen den Ritus im Christentum gewandt haben; unsere Zeit bietet meines Erachtens das erste Beispiel eines liturgischen Ikonoklasmus aus religiöser Blutleere, einen Antiritualismus aus religiöser Schwäche.

Ich habe aber als Kind jeden Sonntagmorgen einen

durchaus kraftvollen christlichen Antiritualismus kennengelernt, der mich tief bewegt hat. Mein Vater war Protestant, meine Mutter Katholikin. Wenn die Kirchenglocken läuteten, brachen wir noch keineswegs zur Messe auf. Meine Mutter wartete noch die Glocken ab, die zum Evangelium geläutet wurden, vielleicht war das auch nur eine einzige, wartete noch ein bißchen und verließ das Haus mit mir nicht früher, als daß sie sicher sein konnte, erst nach der Predigt in der Kirche einzutreffen. Wenn wir gingen, setzte sich mein Vater an seinen Schreibtisch und schlug eine kleine engbedruckte Bibel auf. In dieser Bibel standen hinten in einer Liste die Perikopen für die einzelnen Sonntage aufgeführt: es waren, von ganz vereinzelten Ausnahmen abgesehen, dieselben wie in der katholischen Messe, ein ökumenischer Schatz, der durch die Neuordnung der Lesungen, durch unsere so hochökumenischen Reformatoren vertan worden ist. Ich sehe ihn immer noch so vor seiner kleinen Bibel sitzen, in einer Versunkenheit, als sei er der einzige Mensch auf der Welt. Er hatte, während er las, Anteil an der Raum- und Zeitungebundenheit Jesu. Sein Anblick ist mir ein Trost. Wir wissen ja nicht, wieviel Kirche das Wirken unserer Bischöfe in einigen Jahrzehnten in Deutschland übriggelassen haben wird. Mit dem Propheten Daniel müssen wir sagen: „Denn die Ungerechtigkeit zu Babylon ist von den Ältesten ausgegangen, von den Richtern, welche schienen, das Volk zu regieren." (Dan. 13,5) Das bewußte kleine schwarze Buch wird es dann aber immer noch geben, es ist der Zerstörung entzogen, oder, wie man gesagt hat: „Die Freiheit wohnt in den Antiquariaten und im Photokopierer."

Wenn wir nun das Nicht- oder geradezu Gegenrituelle im Christentum kursorisch betrachtet haben, müssen wir uns aber auch fragen, ob denn der christliche Ritus der lateinischen und der griechischen, der koptischen und der vielen orientalischen Kirchen tatsächlich etwas dem Christentum Fremdes, etwas Aufgesetztes womöglich, etwas bloß Kulturelles sein sollte? Könnte man sich wirklich das Christentum ohne jeden Ritus, allein mit dem kleinen schwarzen Buch vorstellen, ohne dabei das Fehlen von etwas Essentiellem beklagen zu müssen? Ist der christliche überlieferte Ritus nur das Ergebnis einer ungehemmten Inkulturation, wie das heute heißt? So könnte man das doch formulieren: die christliche Religion, die im elendsten und am wenigsten kultivierten Winkel des Römischen Reiches entstand, unter primitiven, formlosen Menschen, saugte, indem sie sich ausbreitete, alles auf, was sie an hochkultivierter Form, Sprache, Philosophie und Kunst rings um das Mittelmeer vorfand, ohne sich darum zu kümmern, daß diese Formen aus einer vollständig anderen Welt stammten, vollständig anderes ausdrückten, mit Jesus Christus nur höchst gewaltsam in Verbindung zu bringen waren? Was hat Jesus Christus mit dem hellenistisch-orientalischen Gott des Rausches, dem Dionysos zu tun, dessen Mysterienkult die griechischen Christen nicht vergessen konnten? Was hat Maria mit der Isis zu tun, von gewissen Äußerlichkeiten abgesehen? Mithraskult, kaiserliches Hofzeremoniell, Kronen und Throne, Troddeln und Quasten, antike Rhetorik, die platonische Akademie, das ägyptische Serapeion – wie verbindet sich das mit der christlichen Religion? Oder besitzt das Christentum etwas Wesentliches, das sich nur im Ritus erfassen läßt, das ohne Ritus verloren geht?

Es gibt Katholiken, die – mit Lust an der Provokation – behaupten, daß die christliche Religion eher ohne Bibel als ohne Liturgie auskommen könne. Was ist mit dieser Behauptung gemeint? In den Jahrhunderten der Säkularisation wurde Jesus von den philosophischen, philanthropischen, aufgeklärten Schriftstellern viel Bewunderung und Sympathie entgegengebracht. Auch erklärte Atheisten sahen in Jesus einen großen Lehrer der

Menschheit, einen neuen Sokrates, einen neuen Buddha. „Ich beuge mich vor ihm als der göttlichen Offenbarung des höchsten Prinzips der Sittlichkeit", sagt Goethe zu Eckermann, wobei man Goethe keineswegs auf die Rolle des Aufklärers festnageln darf, sein Zitat sei nur erwähnt, weil es besonders klar eine Haltung zum Ausdruck bringt, die bis in unsere Zeit hineinreicht. Folgerichtig heißt es in den „Wanderjahren": „Und so ist sein (Jesu) Wandeln für den edlen Teil der Menschheit noch belehrender und fruchtbarer als sein Tod." Jesus Christus als Lehrer – das ist auch für Christen einer der hohen Ehrentitel des Erlösers. Die wesentliche Zeit seines öffentlichen Wirkens hat er lehrend zugebracht. Aber was war seine Lehre? War es etwas Neues, was er verkündete? Man versteht schon, daß es in der Religion nicht darum gehen kann, etwas Neues zu verkünden; der Gegenstand der Religion ist nicht das Neue, sondern das Wahre. Wenn das Wahre uralt ist, dann bleibt es immer noch wahr; manchmal mag es dann auch, wenn es vergessen wurde, unversehens wieder neu erscheinen. Jesu Wahrheit war eine alte Wahrheit, er erinnerte mit seiner Autorität an vielfach Offenbartes. Daß der Mensch sich betrügt, wenn er den göttlichen Geboten durch Spitzfindigkeiten zu entkommen sucht, hatten eindrucksvoll schon die Propheten gelehrt. Das Liebesgebot stammt aus dem Alten Testament. Die einzelnen Vaterunser-Bitten stammen aus alter Gebetstradition, und das begründet ja auch ihren tiefen Wert. Es ist bezeichnend für Jesus Christus als Religionsstifter, daß er nichts Neues lehrte, erst recht keine neue Moral. Die gern in diesem Zusammenhang angeführte Bergpredigt widerspricht dem nicht, denn sie befaßt sich nicht mit moralischen Gesetzen. „Selig sind die Armen im Geiste – selig seid ihr, die ihr Hunger leidet – selig seid ihr, die ihr jetzt weinet – selig seid ihr, wenn euch die Menschen hassen." Das sind keine moralischen Gesetze, das sind Beschreibungen und Beschwörungen einer neuen Schöpfung. Der Mensch, der weint, wird in einer neuen Welt und nachdem er, wie Paulus sagt, Christus angezogen hat, lachen. Es heißt nicht: „Selig sind die Gerechten" sondern „Selig sind, die hungern nach der Gerechtigkeit" – diejenigen, die ein Gespür für die Gefallenheit der Welt und ihre eigenen Fehler besitzen und sich nach der Heilung sehnen. Diese Ungeduld, die Sehnsucht, von der Jesus spricht, sind keine moralischen Kategorien. Sie sind nicht etwas, was man mit Willenskraft erwerben könnte. Man kann nicht arm im Geist sein wollen und hoffen, es dann auch zu werden. Die Notwendigkeit, ein neuer Mensch zu werden, ist keine Forderung der Moral. Moral und Heiligkeit sind ihrem Wesen nach Begriffe, die sich kaum berühren, was natürlich nicht heißt, es sei ein unmoralischer Heiliger vorstellbar, obwohl die russische Literatur zum Beispiel hier sehr weitgehende Seelenexpeditionen unternommen hat. Nein, was das einzigartig Neue des Christentums angeht, das, was es von allen anderen Religionen unterscheidet, man könnte auch sagen, zum krönenden Schlußstein aller Religionen macht, das ist nicht die Lehre, sondern die Person des Gottmenschen, seine Geburt von einer Jungfrau, sein Opfertod für die Sünden der Menschen, seine Auferstehung von den Toten. Eine historische, nicht mythische Person und die historischen Ereignisse ihres Lebens, die uns durch die Nennung obskurer römischer Provinzbeamter ziemlich genau datierbar sind. Es verhält sich eben ganz genau umgekehrt, wie Goethe es sah: fruchtbar sind weniger die Lehren Jesu, als seine Geburt, der Tod und die Auferstehung für die Menschheit, und zwar keineswegs nur für deren edlen Teil. Erst in ihrem Kontext gewinnen die Lehren Jesu ihre Verbindlichkeit, sonst wären sie Erkenntnisse höchster Weisheit, die damit aber keineswegs der Diskussion entzogen worden wären. Im Mittelpunkt des Christentums steht das Wunder der Fleischwerdung. Erst vor ihrem

Hintergrund gelangen alle Worte und Taten Jesu zu ihrer verpflichtenden Bedeutung.

Es ist dieser körperliche Gottmensch, der im Herzen der christlichen Verkündigung steht. Mit den Augen der Evangelisten erleben wir ihn, trotz der klassischen Lakonie der Evangelien, keineswegs nur lehrend, sondern auch essend und trinkend, hungernd und vor der Bitterkeit des Gallenschwamms schaudernd, den Wohlgeruch der Parfümflasche genießend, empfänglich für die Schönheit der Blumen, in furchtbaren Zorn geratend, und vor allem immer wieder schweigend. An zentralen Stellen der Evangelien schweigt der Gottmensch, oder er tut andere rätselhafte, niemals entschlüsselte Dinge: er spuckt in den Staub und macht einen Teig, er schreibt mit dem Finger in den Sand Worte, die niemand entziffern kann, er brät den Jüngern einen Fisch, er vergießt Tränen, als er vom Tod des Lazarus erfährt. Ohne daß wir einen Begriff von seiner Statur und seinen Gesichtszügen erhalten, sehen wir in den Berichten der Evangelisten unablässig die Wirkungsspuren seiner Erscheinung. Die großen Konversionen der Evangelien geschehen niemals als geistige Kämpfe, als Folge von Lehrgesprächen, sokratischen Dialogen, Widerlegungen und Überzeugungen, sondern stumm. Jesus faßt irgendeinen Menschen ins Auge und fesselt ihn damit für immer an sich. Er geht vorüber und am Straßenrand sitzen die Bettler und Kranken, deren Ruf: „Ich glaube" ihre Heilung auslöst. Was glaubten die Blinden und Lahmen, wenn sie Jesus vorübergehen sahen? Gewiß nicht das konstantinopolische Glaubensbekenntnis. Sie hätten vielleicht gar nicht genau darlegen können, was sie meinten, als sie „ich glaube" sagten; sie kannten Jesus ja gar nicht und sie konnten auch seine Lebensgeschichte noch nicht kennen. Aber die körperliche Gegenwart des Gottmenschen und die Gewißheit, daß er genau um ihretwillen da war, schufen in diesen Kranken eine Vereinigung mit Jesus, die über alles, was man von ihm hätte wissen können, hinausging und gesund machte.

Die frühen Christen wußten, daß Jesus selbst die christliche Botschaft war. Fleischwerdung Gottes, Gegenwart des Gottmenschen, das war die Essenz des neuen tieferen zwingenderen Gottesbildes der Evangelien. Schon den Aposteln war klar geworden, daß sie ohne die physische Gegenwart Jesu ihren Glauben nicht bewahren könnten, und so verheißt der scheidende Jesus ihnen denn auch, daß sie auf diese Gegenwart niemals würden verzichten müssen. „Ich bin bei euch bis zum Ende aller Tage." Die Ankündigung des Paraklet ist die Versicherung, daß die Verbindung der Seelen zu ihrem Schöpfer nicht abreißen wird, daß der Geist Gottes in seiner Kirche anwesend ist, gewiß – aber vor allem weist sie den Weg, wie sich die physische Präsenz des Gottessohnes in gewandelter Form auch nach seinem Abschied aus der sichtbaren Welt fortsetzen wird – durch das Handeln des Heiligen Geistes in der Liturgie. Einer der eigentümlichsten, großartigsten geistigen Prozesse der Weltgeschichte begann: um das spontanste, unerforschlich rätselhafteste, das im höchsten Maß persönliche Wesen der Geschichte, den Gottmenschen Jesus Christus gegenwärtig werden zu lassen, schuf man oder vielmehr, bildete sich eine im höchsten Maß gebändigte, durchformte, unpersönliche und unsubjektive Liturgie. Wenn wir das Wirken des von Christus verheißenen Heiligen Geistes in der Kirche benennen wollen, dann wird gern auf die Geisterfülltheit der Konzilien und Synoden, auf die Standesgnade der Bischöfe und Priester verwiesen, die vom Heiligen Geist in ihren Lehrentscheidungen erleuchtet werden. Ich will das nicht im geringsten in Abrede stellen, nur ist es oft nicht leicht, das Wirken des Heiligen Geistes hier mit Gewißheit herauszuspüren; wir kennen Fälle, in denen der Episkopat eines ganzen großen Landes nicht nur im säkularen Sinn ehrlose, sondern auch ersichtlich vom

Heiligen Geist und allen guten Geistern verlassene Entscheidungen gefällt hat. Zweifelsfrei ist der Heilige Geist nur in der Liturgie und den Sakramenten gegenwärtig, wenn er die körperliche Gegenwart Jesu bewirkt. Man könnte verkürzt sagen, daß die Heilige Messe der den Jüngern verheißene Heilige Geist ist. Jesus, dessen physische Existenz den Kern seiner Botschaft darstellte, lebt in ihr physisch, in Handauflegung, Salbung, und in den Körpern von Brot und Wein fort.

Nun wußten die frühen Christen aber auch, daß diese Gegenwart Geschenk sein mußte, wenn sie denn real werden sollte, nicht Erzeugnis, nicht selbstschöpferisch behauptet sein durfte. Das Herzstück des Ritus hatte Jesus selbst gesetzt: die Brotbrechung im Abendmahlsaal, aber diese Szene durfte nicht nur einfach nachgespielt werden, weil sie, wie sich der Urgemeinde nach und nach, aber doch schon bald nach der Himmelfahrt Jesu erschloß, nicht nur den Abendmahlsaugenblick, sondern auch das Opfer von Golgatha und die ewige Hochzeit des Lammes, von der die Apokalypse spricht, in sich enthielt. Man erfand für diesen Vorgang nun nicht einfach einen Ritus. Wenn die Brotbrechung Opfer war, dann brachten heidnische und jüdische Opferliturgien das am besten zum Ausdruck; es gab sie, Unzählige hatten in ihnen zu Gott gesprochen, sie waren Ausdruck des Wartens auf den Erlöser und konnten deshalb auch das Warten auf seine Wiederkunft darstellen. Wer tadelnd Elemente des antiken Heidentums in der Meßliturgie feststellt, der müßte ebenso streng auch die darin vorhandenen Elemente des Judentums beklagen. Als Gott in der römischen Kolonie Palästina Mensch wurde, war es klar, daß das Christentum eine römische Religion werden mußte, wenn es nicht jüdische Sekte, sondern das Licht zur Erleuchtung der Heiden, die universelle Religion schlechthin sein wollte. In der orthodoxen Kirche sind Sokrates und Platon ebenbürtig neben die Propheten gestellt, und Paulus sagte den Griechen auf dem

Aeropag, daß er denselben Gott verkünde, der ihnen von ihren Dichtern besungen worden sei – gewiß hat er da an das Gottesbild der griechischen Tragödie vor allem des Sophokles gedacht. Vorgefundene anonyme, von der Menschheitsgeschichte seit dem Opfer des Abel geschaffene Formen wurden nun mit der ganzen Tiefe der göttlichen Gegenwart gefüllt. Und durch diese Anfüllung wurde aus den alten Formen natürlich auch etwas anderes. Erinnern wir uns an die heiligen Orte, die heiligen Berge und Quellen des Heiden- und Judentums. Als die Epoche der Christenverfolgung vorbei war und das Christentum Staatsreligion wurde, wählte man vielfach heilige Orte des Heidentums, um Kirchen darauf zu errichten, aus Venustempeln wurden Marienkirchen, aus Merkurstempeln Michaelskirchen. Aber die „christliche Ortlosigkeit", wie ich diese eigentümliche Ungebundenheit einmal nennen will, behauptete sich dennoch: heilig war nun der Ort nicht, weil er es aus sich heraus war, sondern weil dort die Messe gelesen wurde. Und der Ort, wo eine Kirche stand, war überhaupt nicht mehr dieser Ort, sondern er war Jerusalem, und er war auch nicht das reale Jerusalem, sondern ein ideales, er war der Himmel. Und das gefeierte Opfer war nicht mehr in erster Linie eine Hinwendung der Menschen zu Gott, in der Hoffnung, durch Geschenk und Anbetung in Verbindung zu ihm zu treten, sondern es war Hinwendung Gottes zu den Menschen geworden. Immer wieder neu staunenerregend ist die Reform Jesu Christi, die einzige Reform, die diesen Namen verdient: in überlieferter geheiligter Gestalt etwas vollkommen Neues, die Umkehrung aller bis dahin geltenden Verhältnisse auszudrücken.

Ich sagte, daß Jesus und seine Jünger und die ersten Christen die Notwendigkeit erkannten, daß es zur vollständigen Erfassung der Botschaft Jesu nicht genügte, seine Lehren getreu zu tradieren – in dem kleinen schwarzen Buch, in dem mein Vater am Sonntag las zum

Beispiel –, sondern daß es zum Wirksamwerden dieser Lehren der Erfahrung und des Einflußes des leiblich anwesenden Jesus bedurfte. Wenn die Liturgie aber diese zum Christsein notwendige Erscheinung des körperlichen Christus sein soll, dann muß es möglich sein, sie als etwas nicht von Menschen Gemachtes zu erfahren, als etwas Vorgegebenes, Offenbartes, wie denn der östliche Mönchsvater Basilius der Große die Messe als ebenso große Offenbarung wie die Heilige Schrift ansah und daraus das strenge Verbot ableitete, an der Liturgie herumzuändern und herumzureformieren. Tatsächlich sind ja die Meßreformierer und die modernen Exegeten, die die Offenbarung der historisch-kritischen Methode unterziehen, aus demselben Holz geschnitzt. Seltsam nur, daß bei soviel archäologisch-philologischem Sachverstand dann ein Jesus herauskommt, der Ehrenmitglied der SPD hätte sein können, ebenso frauenfreundlich wie Willy Brandt und ebensowenig auferstanden.

Natürlich wissen wir, daß der Ritus seit den Tagen der frühen Christenheit nicht unverändert auf uns gekommen ist. Und dennoch können wir die alte Messe, die zu Unrecht die Tridententinische genannt wird – man sollte sie eigentlich die Messe Gregors des Großen nennen, so wie die Orthodoxen von der Liturgie des Heiligen Johannes Chrysosthomos sprechen – als immer unverändert, immer gleich von oben geschenkt ansehen, weil diese Veränderungen etwas Unwillkürliches, allmählich Gewachsenes waren, die so langsam geschahen, daß niemand sie so richtig bemerkte. Nicht Wissenschaftler am Schreibtisch, sondern die Beter in der Messe haben die allmählichen und beständigen Veränderungen des Ritus im Lauf der zweitausendjährigen Liturgiegeschichte geschaffen. Nur Heilige wie Ambrosius oder Augustinus oder Thomas von Aquin sollten der Heiligen Messe etwas hinzufügen dürfen, niemals Männer in Büros, und lägen dieselben auch in der Vatikanstadt. In Bezug auf das Priestertum der Frau sagte mir ein Priester: „Der Gedanke, daß die Frauen durch die Verweigerung des Priestertums von den Entscheidungen der Kirche ausgeschlossen sind, ist nur eine Frucht des Modernismus, der in die Kirche eine Flut von Entscheidungen gebracht hat: theologische, liturgische, moralische, juristische. Ein Priester hatte früher gar nichts zu entscheiden. Er hatte sich zu unterwerfen. Ein Priester besaß keine Macht und er hat auch keine Macht zu haben." Das gilt genaugenommen sogar für das Papsttum: die päpstliche Unfehlbarkeit ist nichts anderes als die Unterwerfung des Papstes unter die Offenbarung und die Lehre aller Zeiten.

Wir wissen, daß die geheimnisvolle Wirkung der Tradition, das längst Vergangene gegenwärtig zu machen, empfindlich gestört worden ist. Sakralität heißt eigentlich Unantastbarkeit, und diese Unantastbarkeit ist gründlich verletzt worden und wird freventlich oder töricht täglich aufs neue verletzt. Sogar in der Schar, die vom Ritus nicht lassen will und kann, gibt es Reformeifer, der nur mit der Sucht zur Selbstzerstörung erklärt werden kann, wie sie erfolglose Oppositionsgruppen gelegentlich befällt. Das hochbelastete Wort „Pastoral" klingt stets an, wenn liturgische Änderungen durchgesetzt werden sollen. Hirtensorge heißt Pastoral, aber wir sind schon gewohnt, es anders zu übersetzen: „Wir, die Kleriker, entscheiden, wieviel vom Glanz der Wahrheit dem verwirrten dummen Volk zuträglich ist." Wer unter Opfern und Kämpfen den Weg zur großen christlichen Liturgie gefunden hat, wird sie sich aber von niemandem, keinem progressiven und keinem konservativen Kleriker mehr nehmen lassen. An die Zukunft müssen wir dabei nicht denken. Die Aussichten für ein liturgisches Christentum sind schlecht. Das Zukunftsmodell der christlichen Religion scheint, von heute aus betrachtet, die nordamerikanische Sekte zu sein, das schrecklichste Gesicht, das die Religion auf der Welt angenommen hat. Aber was geht einen Christen die Zukunft an? Er ist für sein eigenes Leben verantwortlich; er kann nur entscheiden, ob er von dem Anblick des liturgischen Christus lassen kann, solange sich dieser Christus uns noch zeigt.

„Die Bilder aus den Herzen reißen"

Bildersturm und Liturgie

Der Fall ist beim ersten Hinsehen banal. Die Kirche, um die es geht, zählt nicht zu den Brennpunkten der geistlichen Geschichte Deutschlands, sie stammt auch nicht aus einer der großen Architekturepochen; die Architekten und Künstler, die gemeinsam an ihrer Entstehung gewirkt haben, sind weitgehend unbekannt. Was in dieser St. Raphaelskirche in dem Heidelberger Vorort Neuenheim geschah, ist aber beispielhaft für Tausende Kirchen auf der ganzen Welt, für Meisterwerke und anonyme Schöpfungen, für Kathedralen und Kapellen. Kaum eine Kirche ist nach dem Zweiten Vatikanischen Konzil unangetastet geblieben, und wenn man dennoch einmal auf ein unversehrtes Ensemble stößt, dann nicht, weil Ehrfurcht oder Geschmack ihre schützenden Flügel darüber gebreitet haben. Zu danken war es dem Mangel an Geld, ein im Land der Kirchensteuer beklagenswert seltenes Phänomen. Kein deutscher Bischof kann leugnen, daß sich etwas Ähnliches wie in St. Raphael in seiner Diözese vielfach abgespielt hat. So sehen die geistlichen und liturgischen Früchte der nachkonziliaren Entwicklung aus. Wer den ganzen Schrecken, der in dem vieldeutigen Begriff „Aggiornamento" enthalten ist, verkörpert sehen möchte, der betrachte die kurze, überschaubare Geschichte von St. Raphael.

Banal habe ich die Neuenheimer Kirche genannt. Gibt es banale Kirchen? Vielleicht von einem künstlich säkularen, einem strikt wissenschaftlichen Standpunkt aus, der sich jede Beziehung zur Funktion seines Objekts verbietet. Eigentlicher Baumeister jeder Kirche war die Liturgie; sie schuf sich einen oft prächtigen, bedeutungsvoll geschmückten Rahmen, in dem sie sich entfalten konnte. Eine Kirche, in der eine konsekrierte

Hostie, das Altarsakrament, aufbewahrt wird, ist kein banaler Ort. Aber es gibt natürlich Kirchen, denen anzumerken ist, was in ihnen vor sich geht, und Kirchen, denen es nur sehr undeutlich oder überhaupt nicht anzumerken ist. Und es ist bei grundsätzlicher Unabhängigkeit der Liturgie von den räumlichen Umständen, unter denen sie vollzogen wird, vielleicht verzeihlich, wenn der Betrachter einer Kirche von ihrer Gestalt Rückschlüsse auf die in ihr gefeierte Liturgie zieht und sich angesichts eines Kirchenraums, der keine sakralen und liturgischen Funktionen mehr erkennen läßt, fragt, ob Liturgie hier eigentlich noch stattfinden soll.

Als der Grundstein der St. Raphaelskirche im Jahre 1903 gelegt wurde, stand für Priester und Gemeinde fest, daß man eine Kirche bauen wollte, die für jedermann auf den ersten Blick als solche zu erkennen war. Eigentlich baute man damals nicht mehr im neuromanischen Stil, der Entwurf des Bistumsarchitekten Ludwig Maier war also ein wenig altmodisch. Maier war ein erfahrener Fachmann. Sein Bau ist wohlproportioniert und schlank. Man merkt, daß die Fassade des Doms von Pisa ihm Eindruck gemacht hat, aber der helle Backstein ruft auch Maiers Gegenwart, die Industriearchitektur mit ihren – längst zu Recht denkmalgeschützten – Fabrikhallen in Erinnerung. Eine gewisse Kälte hat St. Raphael mit vielen historistischen Bauwerken gemeinsam. Sie ist ein offenbar notwendiges Merkmal des industriellen Jahrhunderts und wird in der Bauhausarchitektur sogar als Qualität gepriesen. In ihrer zierlichen Kompaktheit gleicht St. Raphael einem kirchenförmigen Reliquiar, einer Modellkirche. Das Innere hat Maier reich ausgeschmückt. Es ging ihm nicht um Stilreinheit, sondern um einen aus der Fülle der christlichen Vergangenheit geschaffenen neuen Stil, der den Weg der Kirche durch die Geschichte deutlich machen sollte. Frühchristliche Mosaiken aus den römischen Basiliken, die byzantinische Kunst Ravennas, die italienische Renaissance, das Barock der Gegenreformation, die Herz-Jesu-Spiritualität und die Heiligen bildeten in Malerei und Skulptur ein wahrhaft erstaunliches Kompendium der katholischen Religion. Wer einem Kind in St. Raphael die Kirchenfenster, Fresken und Altäre erklärte, konnte ihm damit einem Begriff von Glauben und Geschichte der Kirche vermitteln.

Wie die Kirche in ihrer bunten Pracht ausgesehen hat, welche Qualität die Malerei besessen haben mag, ist heute nur zu ahnen, denn die wenigen erhaltenen Fotografien geben weder von Farbigkeit noch Faktur einen Begriff. Aber wir wissen aus zeitgenössischen Quellen, wie genau die Bildwerke aufeinander bezogen waren. Die großen Gebete, Kreuzweg und Lauretanische Litanei, schmückten Wände und Kassettendecke, als sollte der heilige Raum gleichsam aus Gebeten gebildet werden.

Dies alles wurde in genau den Jahren geschaffen, als Kandinsky sein erstes abstraktes Aquarell malte. Der große Bürgerkrieg im Reich der Kunst brach aus und dauert bis heute an. Hier ist nicht der Ort, auf die Entwicklung der Kunst im 20. Jahrhundert einzugehen. Nur so viel sei gesagt: Auch im 20. Jahrhundert gibt es große realistische Kunst, aber sie ist kaum sichtbar. Alles, was seit Beginn der Kunst von Bedeutung war, das Studium und die künstlerische Neuschöpfung der Welt, wurde nun geächtet. Bis zu dieser Revolution hatte die Kunst gerade in ihren erhabensten Werken immer auch Funktionen erfüllt: Sie hatte einen Raum geschmückt oder das Gedächtnis an einen Menschen bewahrt. Die Künstler malten die Biblia pauperum an die Wände, und sie schufen Andachtsbilder, die dem Gebet eine überprüfbare Richtung gaben.

Die siegreiche Kunst der Moderne sprach nun ihr „non serviam". Sie diente nicht mehr. Sie forderte die Ehrfurcht, die bisher dem Dargestellten gegolten hatte, unverkürzt für sich selber ein. Die Kirche hätte es schon lange merken können, daß die Kunst, die sie in ihrem Schoß herangebildet hatte, sich von ihrer Mutter loszumachen suchte. Revolutionen kommen nicht über Nacht, sie bereiten sich vor. Die Kirche war schon seit einiger Zeit nicht mehr der größte Auftraggeber für die Kunst – und Kunst geht nach Brot – ; die Kirche befand sich schon zu lange in einer, oft furchtsamen, Verteidigungshaltung, um freie Geister noch anziehen zu können. Was in Philosophie und Gesellschaft bereits geschehen war, mußte man nun auch in der Kunst zur Kenntnis nehmen: Die Kirche hatte ihre Herrschaft und ihren Einfluß verloren.

Die Zerstörungen des Krieges halfen aus mancher Verlegenheit und erleichterten ein entschlossenes Handeln. Eine Fliegerbombe hatte einige Kirchenfenster von St. Raphael weggeblasen; als die Gerüste dastanden, ergriff man im Jahre 1954 die Gelegenheit und ließ die ganze Kirche weiß streichen. Die Schneedecke der Abstraktion senkte sich über die gestaltenreiche Communio sanctorum.

Noch war der kostbarste Schmuck der Kirche erhalten, der Hochaltar und die Seitenaltäre. Diese Altäre des Holzbildhauers Alfons Marmon aus Sigmaringen waren bedeutende Kunstwerke, die Selbständigkeit und theologische Kühnheit bewiesen, wie sie großer Kirchenkunst eigen ist – eine Erforschung des Anteils der Maler und Bildhauer an der Entwicklung des kirchlichen Lehramtes würde zu manchen Überraschungen führen. Obwohl die Kunsthistoriker den Historismus inzwischen rehabilitiert haben, wird weiterhin zu oft bezüglich der Bauten des 19. Jahrhunderts von Nachahmung, Mangel an Originalität und Eklektizismus geredet; gegen jeden Augenschein, denn der unbefangene Betrachter sieht sofort, daß diese Kunstwerke in ihrem Spiel mit der Tradition völlig neuartige Formen hervorbrachten. Wird das Neue erkannt, macht man es dem Künstler, hier Alfons Marmon, wiederum zum Vorwurf: sein Altar sei überhaupt nicht romanisch.

Marmons Altäre waren tatsächlich nicht romanisch, schon allein deswegen, weil es in der Romanik seinen Typus des Hochaltars nicht gab. Sein Triumphbogen stammte aus der florentinischen Renaissance. Man kennt solche vollplastischen Reliefaltäre von der Familie della Robbia. Marmons Skulpturen aus Lindenholz halten ein überaus kunstvolles Gleichgewicht aus Naturbeobachtung und Stilisierung: nervöse, große Hände, geistvolle Köpfe, umwallt von fließenden Jugendstilgewändern. Es lohnt sich, bei der Konzeption des Altars zu verweilen. Sein Thema ist die Inkarnation. Die Tore rechts und links vom Tabernakel führten in die Casa Santa von Nazareth und in die Geburtsgrotte von Bethlehem, die beiden Orte, die mit der Fleischwerdung des Wortes verbunden sind. Auf dem Altar der historischen Casa Santa, die sich heute in Loreto befindet, steht in Bronzebuchstaben: „Hic verbum caro factum est" – hier ist das Wort Fleisch geworden. Das hat einen doppelten Bezug, denn in den Mauern dieses Hauses hat Maria Jesus empfangen, und auf dem Altar in der Messe findet gleichfalls eine Fleischwerdung statt. Indem Marmon beides, Verkündigung und Christi Geburt auf seinem Altar gestaltete, betonte er diesen Aspekt der Messe. Er verlagerte den Akzent vom Opfer auf die Opfergabe, den Gottmenschen. Die Botschaft des Altars war, daß Christus auf dem Altar nicht nur geopfert, sondern auch geboren wurde.

Der theologischen Kraft und der sinnlichen Verbindlichkeit der byzantinischen Ikonen lassen sich nur wenige Bilderfindungen der lateinischen Kirche zur Seite stellen; die wichtigsten entstanden bezeichnenderweise aus Visionen: die Pietà, die in die Betrachtung ihres toten Sohnes versunkene Gottesmutter, die aus der Mystik Thüringens stammt; die Immaculata von Lourdes aus der Vision der Bernadette und das Herz Jesu aus der Vision der Marie-Marguerite Alacoque. Im Herz-Jesu-Bild ist das Gottmenschenmysterium am sinnfälligsten ausgedrückt. Der Körper, in dem es sich verwirklicht, manifestiert sich in einem brennenden Herzen, einem blutroten Stück Eingeweide, aus dem die göttlichen Liebesflammen schlagen. Alfons Marmon setzte unter den Rundbogen seines Gottmenschenaltars einen Herz-Jesu-Christus, aber nicht in der Intimität des auf die Meditation eines einzelnen ausgerichteten Andachtsbildes, sondern als Pantokrator. Diese Vereinigung des göttlichen Weltenrichters mit der Herz-Jesu-Darstellung war eine vielleicht einzigartige Leistung; sie enthält eine Theologem von unerschöpflicher Tiefe. Auch für die Seitenaltäre fand Marmon ungewöhnliche Motive; man sah da den heiligen Karl Borromäus, der dem heiligen Aloysius von Gonzaga die Kommunion reicht. Gerhard Tersteegen schreibt, die wahre Geschichte der Kirche sei die Geschichte der Heiligen, den Rest könne man getrost der Profangeschichte zuordnen; selten habe ich diesen Gedanken so eindrucksvoll dargestellt gefunden wie auf diesem Altar.

Die Liturgie baut sich ihren Raum, das gilt auch für die neue Liturgie Papst Pauls VI. 1968 erklärte man der Gemeinde von St. Raphael, in der noch Stifter der Altäre lebten, die Marmon-Altäre seien „umstritten". Man beachte das Datum, ein Achsenjahr im Sinne Karl Jaspers: Studentenrevolten in Deutschland, Frankreich, in den Vereinigten Staaten; der Beginn der chinesischen Kulturrevolution mit Millionen Toten, mit ihrer Bilderstürmerei, der Verwüstung von Tempeln und Kunstschätzen – und das Jahr der Liturgiereform. Diese Ereignisse gehören zusammen, auch wenn sie nicht zusammenzugehören scheinen. Die künftige Geschichtsschreibung wird nicht anders können, als hier einen tiefen Zusammenhang zu erblicken. In St. Raphael zu Neuenheim vollzogen sich die Umwälzungen dennoch nicht revolutionär. Die Gemeinde hatte einen Pfarrherrn, der zugleich Stadtpfarrer von Heidelberg war. Ihn rühmte man, er habe „die vielerlei Umstellungen im geistigen und geistlichen Bereich ebenso wie im Äußeren der Kirche (nach dem Konzil) in meisterlicher Weise durchzuführen verstanden". Wie ein erfahrener Chirurg bereitete er die Gemeinde, wie es in der Laudatio zu seinem fünfzigsten Priesterjubiläum heißt, „behutsam auf die Umstellung" vor, um den Schnitt dann plötzlich und radikal zu vollziehen. Daß die Behauptung, der Marmon-Altar sei aus Gips, falsch war, wurde offenbar, als die Skulpturen zerhackt und zersägt wurden und das Lindenholz unter der farbigen Fassung zum Vorschein kam. Der würdige alte Geistliche, der in seiner korrekten Priesterkleidung nicht wie ein Vandale aussieht, blickte, wie Fotografien zeigen, mit einem still leuchtenden Lächeln auf sein Zerstörungswerk.

Wie war so etwas möglich geworden?

Ich bin nach dem Krieg, 1951, geboren. Als Kind erlebte ich bei meinen Eltern ältere Herrschaften, Intellektuelle mit schlohweißem Haar, die Männer hatten einen sogenannten Cäsarschnitt, die Frauen Pony, und sie trugen unförmige Bernsteinketten zum Sackkleid. Die Moderne hatte für mich ein greisenhaftes Antlitz. Die prägende Erfahrung dieser Menschen war die Jugendbewegung vor dem ersten Weltkrieg. Sie ist der große Ideenkochtopf des Jahrhunderts. Politische Bewegungen, die Todfeinde wurden, haben Pate gestanden, man denke an den Kommunismus und Nationalsozialismus. Und nicht nur Nacktkultur, Feminismus, Vegetarismus, Lebensreform, Neuheidentum, pseudoindische Meditation, Gay Liberation, Klampfenmusik und das Bauhaus haben hier Wurzeln und Ursprünge, sondern auch die Liturgiereform. Daß am Grund all dieser Bewegungen auch der glühende Idealismus von guten Menschen zu finden ist, die mißbraucht und verraten wurden, steht auf einem anderen Blatt. Aber die Zerstörungslust, die man einst an den Lagerfeuern mit heißen Backen beschwor, als man den Sturz des Alten und das Kommen herrlicher neuer Zeiten zusammenphantasierte, hatte sich aus der infantilen Phase bis in ein erstaunlich hohes Alter erhalten. „Wenn sich der Most auch ganz absurd gebärdet, / Es gibt zuletzt doch noch einen Wein", sagt Goethes Mephisto angesichts des jugendbewegten Baccalaureus. Im 20. Jahrhundert, das konnte Goethe nicht ahnen, ist das Verfahren ersonnen worden, die Gärung zu stoppen. In falscher Jugendlichkeit bleibt dann die Süße des Mosts erhalten, ein fatales Kopfschmerzgebräu wird daraus, das man Wein nicht nennen möchte. Der Jugendkult des 20. Jahrhunderts erfüllt sich in einem grausigen Fluch: Nicht das Altern ist aufgehoben, aber der alternde Mensch darf nicht reifen und muß bis an sein Lebensende die längst erstorbenen Spiele seiner Jugend spielen. Am deutlichsten zeigt sich das in der Kunst, dieser engsten Verwandten der Religion, wo die Avantgardismen von 1905 als erstarrtes Ritual fast hundert Jahre später immer noch nachvollzogen werden müssen. Und diesem vergreisten Avantgardismus meinte sich die Kirche in ihrem Aggiornamento öffnen zu müssen, um zu überleben.

Die Geschichte von St. Raphael in Neuenheim ist noch nicht zu Ende. Die Apsis war nur leergeräumt. Der „Umbau sei in harmonischer, ja eleganter Weise bewerkstelligt worden", heißt es in der Festschrift für den Pfarrer. „Der Altar in Tischform ist Mahltisch der neubundlichen Gemeinde (...), keine Chorschranken hemmen den Zutritt der Gläubigen. Der Vorsitz der eucharistischen Gemeinde gebührt dem Priester (...), er steht der Gemeinde vor, er leitet die Versammlung" – und zwar von der Stelle aus, wo früher der Tabernakel gestanden hat. Der ist nun als Schränkchen in Form eines zerklüfteten Bronzezahnes an den Rand gerutscht. „Es hat sich einfach die Wertordnung etwas verschoben", teilte der Pfarrer der Gemeinde mit: „der Vollzug des Mahles und die tätige Teilnahme des mündigen Christen stehen im Vordergrund." Ja, die Wertordnung hat sich etwas verschoben. Worin bestand die tätige Teilnahme der Jünger, als sie sich von Christus im Abendmahlsaal die Füße waschen ließen? Worin bestand die tätige Teilnahme von Maria und Johannes, als sie unter dem Kreuz standen? Im Anschauen, Geschehenlassen, Warten und Beten. Aber ich will mich nicht länger mit dem oft und gründlich entlarvten Reformjargon auseinandersetzen. Dem Stadtpfarrer war es wie Moses nicht vergönnt, das Gelobte Land zu erreichen. Er führte seine Gemeinde in die weiße Steppe. Das Ausfüllen des leeren Raums war der nächsten Generation zugedacht.

Mit der Jugendbewegung ist auch das Basteln in die Welt gekommen, das Basteln als weltanschauliche und geistig hochstehende Tätigkeit. Allen möglichen Abfall zusammenzukleben, zusammenzuhämmern und das entstandene Sammelsurium mit Bedeutung aufzuladen, wurde zur Schamanentätigkeit des avancierten Künstlers. In dem Maße, in dem das christliche Priestertum demontiert wurde, bildete sich eine neue Kaste aus Kunstpriestern, die beliebigem Zeug die segnende Hand auflegten und es zum „Werk" weihten. In Joseph Beuys wurde von der Kritik der „niederrheinische Mystiker" erkannt; Otto von Simson, der sich mit mittelalterlicher Malerei wahrhaft gut auskennt, entdeckte, daß zwei leere Blutplasmakunststoffflaschen, die Beuys neben ein abgebrochenes Stöckchen montierte – „Kreuzigung" heißt das Werk – „die Wucht eines Giotto" hätten. Wenn das am grünen Holze geschieht, dann kann man den Pfarrer von St. Raphael nicht tadeln, der von einem im Beuysschen Sinn mit Müll bastelnden Priesterfreund – Kunstpriester im doppelten Sinn – eine Kreuzigung für die leere Apsis bestellte; ein Kreuz fehlte ohnehin, auch auf dem Altar stand selbstverständlich keines. Wieder wurde die Gemeinde „behutsam" vorbereitet. „Wer einen Kreuzweg auf Anhieb schön findet, ist nicht auf Golgatha, sondern in einem Schrebergarten gelandet", sprach ein Funktionär der Katholischen Akademie in Mainz. Diese Maxime mögen sich Cimabue, Botticelli, Tintoretto und Raphael, die es wagten, die transzendente, unzerstörbare Schönheit des Gottmenschen auch durch sein Leiden hindurchleuchten zu lassen, gefälligst hinter den Spiegel stecken. Symptomatisch ist auch die Verachtung kleinbürgerlicher Lebensformen. In Parenthese sei bemerkt, daß ein katholischer Funktionär der Welt eines Schrebergartens zwar weit enthoben ist, daß die Beschäftigung in einem solchen Garten jedoch human und würdig ist, und jedenfalls weit sinnvoller als die Teilnahme an Gesprächsabenden der Katholischen Akademie. Liturgische Kunst hat ganz ausdrücklich auch Schrebergärtnern zu dienen. Das katholische Wunder bestand in einem Ritus, der den erlauchtesten Geistern der Menschheit und analphabetischen Ziegenhirten genügte, Chinesen und Afrikanern, Kreuzrittern und Atomphysikern.

Anders als bei der Vernichtung der Marmon-Altäre, die vom fassungslosen und verwirrten Schweigen einer Gemeinde begleitet wurde, die zu Gehorsam und Vertrauen gegenüber ihren Hirten erzogen war, regte sich Widerspruch, als der Pfarrer daranging, der Gemeinde den Ankauf der Collage des Priesters und Künstlers Udo Körner schmackhaft zu machen. „Schrei und Wolke" hieß das Werk. Das Corpus des Gekreuzigten ist aus Baumrinde und nur angedeutet, ein Mund, dem sich ein Schrei entringen könnte, ist nicht erkennbar. Kreuz und Körper sind gespalten, aber wohl nicht, um an das Zerhacken des Marmon-Altares zu erinnern. Über dem Kreuz schwebt im Dunkeln rostiger Maschendraht. „Fromme Sehgewohnheiten stören" wollte Körner mit seiner millionenfach zu findenden Graphikeridee. Es werden in der ästhetischen Diskussion ja immer noch ganz falsche Fronten beschrieben – als kämpfte der berüchtigte „Röhrende Hirsch" gegen ein todesmutiges Häuflein der Avantgarde. Den „Röhrenden Hirschen" gibt es aber gar nicht mehr. Seine Stelle wird heute durch Werke wie „Schrei und Wolke" eingenommen, „aufrüttelnde Kunst, die bohrende Fragen stellt von schonungsloser Aufrichtigkeit", wie die schon unsäglich veralteten Phrasen heißen. Zu etwas Gutem hat die Auseinandersetzung um den Ankauf von „Schrei und Wolke" für die Apsis von St. Raphael allerdings geführt. Das Werk hängt zwar nun dort, wo der Marmon-Altar stand. Aber ein älteres Gemeindemitglied sprach einen Satz aus, der den Kampf wohl wert war, einen Grundsatz von wahrhaft großer Einfachheit: „Christus hat Fleisch angenommen und ist Mensch geworden – sollte man ihn nicht wie einen Menschen darstellen?"

„Sie hauen hinein wie in ein Gebüsch und Wald, gleichviel ob sie einen Altar oder Gemälde treffen", so klagte Martin Luther, als er von den Exzessen der Bilderstürmerei nach den Hetzpredigten seines einstigen Protegés Andreas Bodenstein von Carlstadt hörte. Luther war an den Bilderstürmen von 1521 und 1522, denen noch viele calvinistische Bilderstürme folgten, allerdings nicht unschuldig. Er erschrak, als offenbar wurde, was seine Schriften anrichteten. Wie ein Bildersturm aussah, zeigt ein zeitgenössischer Bericht über die Zerstörung des Klosters Reinhardtsbrunn, der Grablege der thüringischen Landgrafen: „(...) im Kloster steigerte sich der Frevelmuth in ausgelassenster Weise. Mit kirchenschänderischer Hand zerschlugen die tollen Menschen die dreiundzwanzig Altäre mit kostbarer Schnitzarbeit und Skulptur und die Bildwerke als Gegenstände des katholischen Heiligendienstes, und warfen sie ins Feuer, zerrissen und zerschnitten die kostbaren Altardecken, zerschlugen die drei Orgeln und zwölf Glocken und theilten unter sich, was davon brauchbar schien, schütteten das heilige Salböl aus seinem kunstvollen Krug auf die Erde und zerstreuten die Hostien mit dem hochwürdigen Sakrament herum; die Heiligen rissen sie aus ihren Schreinen, warfen sich damit im tollen

Übermuth und traten sie mit Füßen." Es folgen Grabschändungen und eine große Bücherverbrennung, die ganze handgeschriebene Bibliothek des Klosters geht in Flammen auf. Nein, in „harmonischer, ja eleganter Weise" wurde das Zerstörungswerk nicht ausgeführt, es wurde auch niemand „behutsam" vorbereitet. Die Bilder des großen nachkonziliaren Zerstörungswerks und der nachreformatorische Bildersturm ähneln, aber gleichen sich nicht.

Und doch ist es ein Ikonoklasmus, was wir in den letzten 35 Jahren erlebt haben. Bildzerstörung und Unfähigkeit zum Bild kennzeichnen diese Jahrzehnte. Das überaus typische neue Altarbild von St. Raphael ist nur vordergründig Bild, in Wirklichkeit ist es Bildverweigerung.

Nun könnte man fragen: Woher sollen liturgische Bilder des Gottmenschen kommen in einer Zeit, in der die herrschende Kunstrichtung die Darstellung des Menschen überhaupt verfemt? Ist der Rückzug auf das Zweite Gebot des Dekalogs – „Du sollst dir kein Bild machen" – da nicht vielleicht sogar das Bequemste? Im Zeichen dieses Zweiten Gebots standen der byzantinische und der reformatorische Ikonoklasmus. Man warf der Kirche vor, mit ihren Ikonen und Heiligenbildern dieses göttliche Gebot vom Berg Sinai zu mißachten. Das war ein furchtbarer Vorwurf, denn wer durfte es wagen, gegen ein göttliches Gebot derart zu verstoßen? Aus diesem Vorwurf erklärt sich auch die Wut, mit der in Byzanz und während der Reformation die Bilder zerschlagen wurden; diese Wut beanspruchte, ein heiliger Zorn zu sein, und hier liegt vielleicht der größte Unterschied zum gegenwärtigen Ikonoklasmus, der eine Zerstörung aus Angst und Schwäche ist.

Beging die Kirche ein Unrecht, als sie in den Katakomben zu einer Kirche der Bilder wurde? Das Zweite Gebot ist eindeutig. Nur Gott selbst kann es zurücknehmen. Und Gott hat es zurückgenommen. Er hat sein

Ebenbild geschaffen. Man könnte soweit gehen und Jesus Christus das Selbstporträt Gottes nennen, denn wenn einer nach Adam Gottes Ebenbild war, dann Jesus. Seit Jesus lautet das Zweite Gebot des Dekalogs: „Du sollst dir von Gott ein Bild machen, und diese Bild ist Jesus Christus."

Dieses Bild unterscheidet sich deshalb auch völlig von den großartigen Bildnissen der mythischen Gottheiten. Es gehört zu einem ganz anderen Kunstgenre. Der Begriff ist schon gefallen – das Jesus-Bild gehört zur Gattung des Porträts, es ist das Porträt einer realen Person. Zur Zeit der frühen Christen war die Porträtkunst hochentwickelt. In Fayum im hellenistischen Ägypten entstanden damals Porträts, die zu den realistischsten Menschenbildern gehören; zur gleichen Zeit blühte in Rom die Kunst der Porträtbüste. Man wußte, was ein Porträt war. Und natürlich durfte man Christus nicht wie eine griechische Gottheit idealisieren. Das war auch nicht nötig, denn man besaß ein reales Porträt, den Abdruck auf dem großen Leinentuch, das die frühen Christen für das bei Johannes erwähnte zusammengefaltete Tuch aus dem leeren Grab hielten. Dieses Tuch hat den ersten Malern von Christus-Ikonen als Vorbild gedient. Das einzigartige Gesicht auf diesem Tuch wurde Modell für den Christus-Typus, der zwar duch die Jahrhunderte, vor allem im Westen, ständig modifiziert wurde, aber bis in die jüngste Vergangenheit hinein, auch bis hin zu unserem Herz-Jesu-Christus des Marmon-Altars, für jedermann erkennbar war. Es ist bezeichnend, wie gerade die Meister einer Epoche, in der sich die Malerei von der Religion zu lösen begann, mit diesem Christus-Typus umgingen: Auf den Abendmahls- und Hochzeit-von-Kana-Bildern eines Veronese etwa erscheint der Christus inmitten einer lebensvoll nach Modell gearbeiteten Menschenschar seltsam blaß, weil der Maler es nicht wagte und nicht wagen durfte, bei einer Christus-Darstellung von der Tradition abzuweichen. Auch für Künstler, die nichts von dem Grabtuch wußten, blieb der überlieferte Typus verbindlich. Ähnliches gilt für die Bilder der Muttergottes, wobei es nicht in erster Linie darauf ankommt, ob der Evangelist Lukas Maria wirklich porträtiert hat – wichtiger ist, daß es den frühen Christen darum ging, kein fiktives, sondern ein reales Bild Mariens zu besitzen.

Christus ist die Wahrheit, die angeschaut werden muß, weil sie über alles Wissen geht, um ein Wort des Gregor von Nyssa zu zitieren, und deshalb ist das, was die Reformation „Bilderdienst" nannte, ein wesentlicher Bestandteil der christlichen Religion. Als schwache Spuren der Fleischwerdung können die Christen die heiligen Bilder gar nicht genug verehren. Noch das unbeholfenste Bild ist wie jener Gewandzipfel Jesu, den die Frau im Gedränge hinter ihm ergreift, „denn es ging eine Kraft von ihm aus", wie es im Evangelium des Lukas, des Madonnenmalers, heißt. Es gehört jedenfalls zu den eigentümlichsten Koinzidenzen der Geschichte, daß zum Beginn dieses Jahrhunderts, als die Fähigkeit verlorenging, das Bild des Menschen zu malen, die fotografischen Negative den Körper auf dem Turiner Grabtuch wieder in das allgemeine Bewußtsein gerufen haben, als solle das Bild des Gottmenschen auch in der kulturellen Katastrophe der Bilderlosigkeit nicht verlorengehen.

So wie das Christusbild von Gott selbst gewählt wurde und so wie die Christen versuchten, dieses reale Bild festzuhalten, so verknüpften sie auch die Liturgie, die ja ihrerseits ein großes Bild ist – deshalb geht die Krise der heiligen Bilder mit einer Krise der Liturgie einher –, auf das engste mit den konkreten Orten des Heilsgeschehens. Im Heiligen Grab, wo das zusammengefaltete Tuch gefunden wurde, feierte man schon in frühesten Zeiten die Messe, weil man wußte, daß die Eucharistie eben nicht in erster Linie das Abendmahl des Gründonnerstags vergegenwärtigt, sondern Tod und Auferstehung des Herrn. Noch heute kann man in der Grabeskirche zu Jerusalem erleben, wie die örtlichen Gegebenheiten des Grabs die große Liturgie schufen. Ich spreche nicht vom Kirchenraum, der sich über dem Grab auftut, sondern von den engen Grabkammern, dem Vorraum, in dem die Frauen den Jüngling im weißen Gewand sahen, und der eigentlichen Grabkammer mit ihrer Nische für den Leichnam. Nur wenige Menschen können dort an einer Messe teilnehmen. Der Priester bleibt bis zum Credo bei der Gemeinde im Vorraum. Zur Opfermesse geht er in die Grabkammer. Dort ist er allein und unsichtbar. Der Altar ist die Nische, in der der Körper Jesu lag. Das weiße Altartuch ist das Leichentuch, die Hostie der Leib. Die Art und Weise, wie die Hostie mit dem Leben der Gottheit erfüllt wird, bleibt der Gemeinde verborgen, sie hört nur das Flüstern des Priesters. Meßopfer und Auferstehung werden eins. Zugleich aber wird auch deutlich, woher der Wunsch der frühen Christen stammt, die heiligen Mysterien hinter Ikonostase, Lettner, Chorschranken, verborgen vom Körper des Priesters, erscheinen zu lassen. Das hermetische, entrückende Moment, mit dem auch die alte lateinische Liturgie die Wandlung umgibt, stellt nichts anderes als das mit einem Stein beschwerte Heilige Grab dar, in dem der Gottmensch aus dem Tod erwachte. Dieses Ereignis hatte den Kosmos zum Zeugen, aber keinen lebenden Menschen. Was in der Liturgie als spätere Zutat erscheint, als Begleiterscheinung konstantinischer Basiliken und gotischer Kathedralen, erweist sich als mit dem Kern der Heilsgeschichte am engsten verbunden. Christliche Liturgie ist Warten unter dem Kreuz und vor dem Grab. Auch dieses Bild hat die Liturgiereform versucht auszulöschen.

Das Grab von Jerusalem ist das Bild der alten Liturgie. Sie hatte den Auferstandenen im Blick und wandte sich deshalb nach Osten. Die aufgehende Sonne war für sie Zeichen der Welterschaffung, der Auferstehung und der Wiederkunft Christi. In ihrer Erwartung beteten Priester und Gemeinde in derselben Richtung. Nach der Liturgiereform hat sich der Priester umgedreht, sieht die Gemeinde an, während er vorgibt, mit Gott zu reden. Das Modell der neuen Liturgie ist der Vorstandstisch bei einer Partei- oder Vereinsversammlung mit Mikrophon und Papieren, links steht eine Ikebana-Schale mit alter Wurzel und bizarrer orangefarbener exotischer Pflanze, rechts befinden sich zwei Fernsehkerzen in handgetöpfertem Leuchter. Würdig und gesammelt blicken die Vorstandsmitglieder ins Publikum, wie die Kleriker während einer Konzelebration. Eine solche Vereinssitzung mit demokratischer Geschäftsordnung ist der Phänotyp der neuen Liturgie, und das ist auch nur konsequent, denn wer das überzeitliche Mysterium nicht will, der wird unvermeidlich in der politischen und gesellschaftlichen Wirklichkeit landen. Einen dritten Weg gibt es nicht. Natürlich kommt es gelegentlich zu Brüchen. Es soll Kleriker geben, denen es Schwierigkeiten bereitet, zur Wandlung das richtige Gesicht aufzusetzen. Welcher Gesichtsausdruck paßt zur Wandlung? Auch hierzu ein Goethe-Zitat aus dem Dialog von Faust und Wagner: „Ich hab es öfters rühmen hören / Ein Komödiant könnt einen Pfarrer lehren. – Ja, wenn der Pfarrer ein Komödiant ist; / Wie das denn wohl zuzeiten kommen mag." Konsequenterweise hat man die uralten Meßtexte etwa vom Fest der Märtyrerinnen Perpetua und Felicitas gestrichen, in denen in bezug auf die Messe von „seligen Geheimnissen", von „geheimnisvollen Gaben und Freuden" die Rede war. Es ist ja offensichtlich, daß von keinem Vorstandstisch der Welt „geheimnisvolle Gaben und Freuden" zu erwarten sind.

Denn wo der Ritus in seiner die Fleischwerdung vergegenwärtigenden Kraft nicht mehr erkennbar ist, können auch jene Teile der Messe, die auf den ersten Blick nicht-ritueller Natur sind, nicht mehr in der Fülle verstanden werden, die sie in der Liturgie besitzen, etwa

Evangelienverkündung und Credo. Was ist liturgisch? Man könnte sagen: Liturgisch ist wirksames und wirkendes Beten. Liturgisches Beten ist immer sakramental – es bewirkt das heiligende und segnende Handeln Christi. Das Lesen des Evangeliums in der Messe ist deshalb nicht das Mitteilen eines Textes, mit dem die Zuhörer sich auseinandersetzen sollen, sondern die sündenvergebende Gegenwart des lehrenden und heilenden Christus, und so scheinen die Evangelien auch konzipiert zu sein. Das Glaubensbekenntnis ist als liturgisches Gebet keine Sammlung von – auf verschiedenen Konzilien – teilweise brachial durchgesetzten Dogmen, sondern ein neues Eintreten jedes einzelnen in die reinigende Frische der Taufe, Anwesenheit der Gemeinschaft der Heiligen, kirchenschaffende Wirkkraft der Dreifaltigkeit. An diese Wirkungsweise ist in der neuen Liturgie nicht zu denken, sie ist auch gar nicht gewollt.

Es liegt in der eigentümlichen Natur dieses Jahrhunderts, daß man die Axt an den grünen Baum der Liturgie legte und zugleich die tiefsten Erkenntnisse über die Liturgie formulierte, allerdings nicht innerhalb der römischen Kirche, sondern in der Kirche von Byzanz. Ein Papst hat die Liturgie angetastet. Die vom Papst abgespaltene Orthodoxie hat Liturgie und liturgische Theologie unter den furchtbaren Prüfungen des Jahrhunderts bewahrt. Diese Tatsachen bergen für einen Katholiken, der sich die naheliegenden zynischen Rückschlüsse verbietet, ein quälendes Rätsel. Man ist versucht, von einem tragischen Geheimnis zu sprechen, obwohl das Wort tragisch in christlichen Zusammenhängen eigentlich nichts zu suchen hat. Die Messe des Heiligen Gregor des Großen, die alte lateinische Liturgie, befindet sich heute am „lunatic fringe" der römischen Kirche, während die Göttliche Liturgie des Heiligen Johannes Chrysosthomos in vollem Glanz in der Mitte der orthodoxen Kirche lebt. Der Gedanke, von der Orthodoxie zu lernen, ist nicht populär. Man wird sich aber daran gewöhnen müssen, gründlich zu studieren, was die byzantinische Kirche zu den heiligen Bildern und zur Liturgie zu sagen hat. Das betrifft ungeschmälert auch das Wesen des lateinischen Ritus, ja, es scheint, als lerne man ihn in seiner Geisterfülltheit überhaupt erst aus östlicher Perspektive richtig kennen. Der größte liturgische Schriftsteller unseres Jahrhunderts ist der russische Priester Pawel Florenski, der 1938 unter Stalin erschossen wurde. Für mich gehört es zu den größten Hoffnungszeichen, daß der Papst das Bild Florenskis, der übrigens kein Heiliger der orthodoxen Kirche ist und dessen Kanonisierung wohl auch nicht erwogen wird, in seine Privatkapelle aufgenommen hat.

Chesterton erinnert daran, daß Hoffnung, die sich auf die geringste Wahrscheinlichkeit gründet, eigentlich nicht mehr als christliche Tugend bezeichnet werden kann. Sollte man also die Hoffnung, daß durch einen Florenski lesenden Papst die alte christliche Liturgie wiederbelebt werde, als allzu naiv empfinden, bleibt für die große absurde christliche Hoffnung immer noch genügend Raum. Wer glaubt, daß die Liturgie der Inkarnation und die heiligen Bilder innig und wesentlich mit dem Glauben an Christus verbunden sind, ja aus ihm hervorgehen, wer sich eher den Untergang der Religion vorstellen kann als ihr Fortbestehen ohne Liturgie, der mag sich insgeheim, was den Ausgang der Katastrophe angeht, sogar in Sicherheit wähnen. Wie das Beispiel des byzantinischen Ikonoklasmus zeigt, sind hundert Jahre für die Überwindung einer solchen Krankheit nicht viel. Bis dahin bedarf es wie einst in Byzanz des Widerstands unbeugsamer Priester und Mönche, um die Tradition lebendig zu halten, damit sie nicht eines Tages aus Büchern rekonstruiert werden muß. Aus der Heidelberger St. Raphaelsgemeinde haben manche bei der Zertrümmerung ihrer Altäre Spolien gerettet und nach Hause getragen. Nach dem Vorbild des Heiligen Franziskus, der die Portiuncula-Kapelle wiederaufbaute, könnten sie versuchen, den Herz-Jesu-Pantokrator-Altar wiederherzustellen. Am ersten Fastensonntag feiert die orthodoxe Kirche das Ende des Ikonoklasmus mit dem großen „Fest der Wiederherstellung der Orthodoxie". Und so träume ich davon, daß an diesem und an vielen anderen wiederaufgerichteten Hochaltären einst auch der Wiederherstellung der lateinischen Orthodoxie dankbar gedacht werden kann.

Die Avantgarde der Tradition

Die Benediktiner von Fontgombault

In dem breiten steinernen Gang auf unregelmäßig großen, gelegentlich buckligen Platten gehen zwei junge Männer in schwarzen Lederjacken und mit kurzgeschorenen Haaren, Kadetten einer Militärakademie in Zivil. Ihnen folgt ein beleibter älterer Herr mit goldener Brille, das rote Bändchen der Ehrenlegion am Revers der dunkelblauen Anzugjacke. Dann kommt ein alter Priester in fleckiger Soutane, dann ein kleiner Junge in kurzen Hosen mit rotgefrorenen Beinen. Es ist so kalt, daß der Atem weiße Wolken bildet. An einem Türchen in der langen Mauer hält der kleine Zug an; man wartet. Dann tritt ein junger Mönch in schwarzer Kutte heraus. Er trägt ein vergoldetes Becken und eine Kanne, über seinem Arm liegt ein dünnes Leinenhandtuch. Der Mönch hält den Kopf gesenkt; man erkennt, daß er mit dieser Haltung einer Vorschrift folgt.

Ein grauhaariger Mönch kommt der Gruppe entgegen. Er trägt an einer Kette ein goldenes Kreuz auf der Brust, seine Hände verbirgt er unter dem Skapulier, dem breiten schwarzen Stoffstreifen, der über Brust und Rücken herabhängt. Er begrüßt jede Person einzeln; die Gäste treten zu ihm heran, beugen das linke Knie und küssen seinen goldenen Ring. Dann winkt er dem Mönch mit Becken und Kanne. Jeder Gast hält die Hände über das Becken, während der grauhaarige Mönch Wasser aus der Kanne darübergießt und daraufhin das Handtuch reicht. Die Gäste durchschreiten die kleine Tür und gelangen in einen großen, kahlen Saal mit gotischen Gewölben. In langer Front stehen etwa hundert Mönche, die Hände unter dem Skapulier verborgen, vor den Reihen der Eßtische. Alles schweigt. Es beginnt das Abendessen im Benediktinerkloster Notre-Dame de Fontgombault.

Wenn der Fremde die Vielzahl von Eindrücken eines solchen rituellen Mahles in einer einzigen abstrakten Formel zusammenfassen sollte, wäre er vielleicht geneigt, von einer Aufhebung des Unterschiedes zwischen dem Wichtigen und dem Unwichtigen zu sprechen. Alle Gerätschaften, die zum Essen dienen, werden, ohne kostbar oder auch nur schön zu sein, mit Bewußtheit und Bedeutung behandelt. Kanne und Becken, die eben noch dem Abt zur Handwaschung bei den Gästen dienten, stehen nun in einer steinernen Nische, genau wie in der Abteikirche, wo das Wasser für die Handwaschung während der Messe in der Nähe des Altars bereitsteht. Jeder Mönch reinigt am Schluß des Essens seinen Löffel und sein Messer mit der Serviette und wickelt das Besteck dann in das weiße Tuch, gleichfalls wie in der Messe, bei der das sorgfältige Auswischen des Kelches nach der Kommunion den Abschluß der liturgischen Handlungen bildet.

Die Lesung während des Essens, die zunächst ein Kapitel der Ordensregel, dann aber ein Werk über die neuere französische Geschichte zum Gegenstand hat, wird von einer Kanzel und trotz des säkularen Inhalts psalmodierend vorgetragen, eigentlich sogar gesungen. Die Mönche, die servieren, verneigen sich bei jedem Betreten oder Verlassen des Saales vor dem großen Kruzifix über dem erhöhten Platz des Abtes; wenn sie dem Abt etwas zu sagen haben, flüstern sie auf Knien in sein ihnen zugeneigtes Ohr. Mit einem hölzernen Hammer hat der Abt das Zeichen gegeben, die Mahlzeit zu beginnen; ein gleiches Zeichen beendet sie. Auch in den großen Messen des Konvents gibt der Zeremoniar den Zelebranten solche Zeichen, indem er mit dem Knöchel auf sein Gebetbuch klopft, um einen Einschnitt in der Zeremonie anzuzeigen.

Die Speisen: einige Radieschen mit Butter, eine klare

Gemüsebouillon, etwas Karottensalat, ein Stück Fisch in weißer Soße, grüner Salat, Käse aus eigener Molkerei, Zichorienkaffee, dazu ein frisch-säuerlicher, vollkommen sauberer Rotwein. An Fasten- oder Festtagen spiegelt die Speisenfolge durch drastische Kargheit oder angedeutete Eleganz die Strenge oder den Reichtum der Liturgie des Tages. Der formalen Strenge des täglich auf die Minute gleichen Ablaufs zum Trotz scheint niemand sich beengt oder getrieben zu fühlen. Ein alter Schuster, Pensionär des Klosters, der die Schuhe der Mönche herstellt und flickt, ißt in gesammelter Ruhe seine Birne mit einem Stück Brot und hat die Serviette genau in dem Augenblick zusammengefaltet, in dem der Abt den kleinen Hammer in die Hand nimmt.

Die Abtei Fontgombault wurde vor neunhundert Jahren gegründet und ist dennoch ein vergleichsweise junges Kloster. Nach Errichtung der mächtigen romanischen Abteikirche und Jahrhunderten der Blüte folgte ein früher Niedergang, die Zerstörung in den Religionskriegen, ein immer schattenhafteres Dasein unter „Kommendataräbten", die das Kloster vorwiegend als wirtschaftlichen Betrieb ansahen, und schließlich die Aufhebung kurz vor der Großen Revolution. Die Abteikirche wurde zum Steinbruch; Chor und Fassade blieben erhalten, die behauenen Steine des Kirchenschiffs aber findet man in den Mauern der grauen umliegenden Bauernhäuser wieder. In der zweiten Hälfte des 19. Jahrhunderts wurden die fehlenden Teile des Baus auf eine etwas kalte Weise ergänzt. Die alten Steine aber haben jeder für sich einen eigenen Charakter, sind an den Rändern abgeschliffen und glänzen wie poliertes Bein; nach dem mit dem Lineal gezogenen neuen Schiff biegt sich die Achse des Chores leicht zur Seite. Sie ahme das auf die Schulter gesunkene Haupt des Gekreuzigten nach, sagt man im Kloster. Französische Kirchen sind nach den Wechselfällen der Geschichte häufig recht kahl zurückgeblieben. Der dreischiffige, kathedralenhaft weite Bau enthält denn auch nur ein einziges Bildnis: „Notre-Dame de Bien-Mourir", „Unsere Liebe Frau vom Guten Sterben" – die Steinskulptur einer thronenden Muttergottes, in deren majestätisch starren Augen noch etwas vom späten Rom des Kaisers Konstantin zu ahnen ist.

Benediktinermönche sind in das Kloster erst 1949 wieder zurückgekehrt. Die Neugründung ging von der Abtei Solesmes aus, die im 19. Jahrhundert an der Wiederentdeckung des alten Gregorianischen Chorals teilhatte. Aber erst nach dem Zweiten Vatikanischen Konzil sollte die Abtei ihren geheimen Ruhm weit über Frankreichs Grenzen hinaus gewinnen. Die Rückkehr zur vollständigen Regel des heiligen Benedikt, zum unverkürzten Stundengebet und zu der großen Liturgie des Westens, die im wesentlichen aus der Zeit Papst Gregors des Großen (540–604) stammt, wird in einer reformfreudigen Zeit als besonders wagemutige Reform begriffen.

Vor allem junge Leute fahren nach Fontgombault. Auch die meisten Mönche sind jung. In ihren Kutten gleichen sie Gestalten aus einem Fresko des Giotto, aber wenn sie Besuch bekommen und mit ihren Brüdern und Verwandten, die moderne Kleidung tragen, im Garten des Gästeflügels auf und ab gehen, wird sichtbar, daß sie keineswegs im Mittelalter zu Hause sind. Mit Blick auf den Familienbesuch wird deutlich, was die Einkleidung eines neuen Mönchs bewirkt: Der Kopf wird kahlrasiert, der Körper, den die bürgerliche Kleidung möglichst vorteilhaft zur Geltung bringen wollte, verschwindet unter dem weiten schwarzen Gewand. Ein Höchstmaß an Gleichförmigkeit scheint das Ziel zu sein, und doch kommt das Gegenteil dabei heraus. Was dem Beobachter zunächst altertümlich vorkam, begreift er nun als eine ins Zeitlose gesteigerte Individualität, die sich hinter modischer Frisur, bunten Pullovern und Jacken zeitgenössisch-kollektiv verborgen hatte.

So wird für den Fremden, dem die Messen und ihr Choralgesang womöglich zunächst als überaus detailreiches, schwer mitzuvollziehendes Schauspiel erscheinen, vor allem an kleinen Beobachtungen im Laufe des Tages deutlich, daß es sich gerade nicht um ein Schauspiel handelt oder jedenfalls um eines, das niemals ein Ende hat. Man entdeckt, daß es in diesem Kloster keine Welt „hinter den Kulissen" gibt, keine triviale Alltagswelt, die gelegentlich in festliche Zeremonien mündet. Die Regel Benedikts und ihre Umsetzung in Fontgombault versuchen, ein Leben in Parenthese zu verhindern, indem sie den ganzen Tag zur Liturgie erklären. In überraschender Weise verschränken sich auf diese Weise Liturgie und Höflichkeit. Zwei Mönche, die sich tagsüber begegnen, begrüßen sich mit der gleichen geformten Verneigung, die auch dem Priester während der Messe zukommt. Wer an die Tür klopft, erhält von innen die Antwort: „Deo gratias!" Jedes profane Schriftstück, jeder Brief beginnt mit dem Wort „Pax!" Der eben eingetroffene Gast wird als erstes in die Kirche geführt, wo der Mönch, der ihn empfangen hat, stumm für ihn betet. Im Kreuzgang, der die Kirche mit dem Speisesaal, dem „Refektorium", verbindet, vermeiden die Mönche, die durch ein steinernes Band gekennzeichnete Mitte zu betreten; sie ist bei der festtäglichen Prozession dem Priester vorbehalten. Die Mönche, die auf dem Feld, im Weinberg und mit dem Vieh arbeiten, bleiben über die unterschiedlichen Glockenzeichen aus dem Vierungsturm der Abtei mit dem Rhythmus des geistlichen Lebens im Haus in Verbindung. Die Priester sprechen, während sie ihre Ornate anlegen, bei jedem einzelnen Stück ein bestimmtes dazu gehörendes Gebet, aber genauso hat jeder Mönch, wenn er morgens seine Kutte anzieht, dazu ein Gebet gesprochen und sie dadurch zu einem liturgischen Kleidungsstück gemacht.

Das meiste von diesen Verhaltensweisen bleibt dem

Außenstehenden selbstverständlich verborgen. Er bewohnt die „Hotellerie", den Gästetrakt, der durch schwere, beständig verschlossene Tore von der Klausur, der Wohnung der Mönche, getrennt ist. Nur mit vorher eingeholter Genehmigung des Abtes ist es einem Mönch erlaubt, mit einem Fremden zu sprechen. Man hat nicht den Eindruck, daß diese Vorschrift als besonders lastend empfunden wird. Die über den Tag verteilten sieben Gebetsstunden, die große Messe des Konvents, die Mahlzeiten und die in dieses Gerüst hineingepaßte körperliche Arbeit erlauben ohnehin kaum Abweichungen vom Zeitplan. Die jüngeren Mönche gehen fast immer sehr schnell; sie haben etwas Zielbewußtes und sind zugleich in Gedanken versunken. Wer sie anspricht, erlebt trotz der lächelnden Aufmerksamkeit, die ihm augenblicklich entgegengebracht wird, daß er gestört hat. Es kommt einem vor, als habe der streng geregelte Tagesablauf die Schleusen eines Gedankenstromes geöffnet, der die Aufmerksamkeit des einzelnen vollständig ausfüllt.

„Der höchste Aristokrat ist nicht der Feudalherr auf seinem Schloß, sondern der kontemplative Mönch in seiner Zelle", schreibt der kolumbianische Philosoph Gómez Dávila. Die Einsamkeit eines solchen beschaulichen Lebens, die durch den Umstand, daß es in Gemeinschaft mit zahlreichen anderen Einsamkeiten stattfindet, nicht beschränkt wird, scheint zunächst mit dem Begriff der Aristokratie, die ein Höher und ein Niedriger kennt, also von der Beziehung zum Ganzen der Gesellschaft lebt, nicht vereinbar. Winzige Äußerungen, geradezu unabsichtlich wirkende und zunächst unverständliche Bemerkungen im Gespräch mit dem einen und anderen Mönch lassen dann aber diese Einsamkeit in einem ganz anderen Licht erscheinen. Es sieht so aus, als ob es in diesem Kloster viele Mönche gibt, die die Ermahnung Benedikts in der Ordensregel, „daß man im Angesicht der Engel stehe, während man bete", überaus wörtlich verstehen. Die im Hochgebet der Messe genannten „Cherubim und Seraphim, Throne und Herrschaften, Mächte und Gewalten" werden offenbar in einem liturgisch geführten Leben der Einsamkeit in Gemeinschaft fühlbar, womöglich sogar sichtbar. Der Begriff Aristokratie erhielte unter dem Eindruck solch unsichtbar kosmischer Ordnung tatsächlich eine völlig neue Bedeutung.

Von den Mönchen wird der Besucher über solche Erfahrungen allerdings nie anderes erfahren, als was in den Worten des Psalmisten, der Kirchenväter und des Evangeliums vorgeprägt worden ist. Dies Kloster ist kein Ort der geistlichen Konferenzen, des theologischen Erfahrungsaustausches oder gar programmatischer Bekundungen. Liturgische Gegebenheiten einem Für und Wider auszusetzen, würde hier vermutlich als bereits dem Wesen der Liturgie unangemessen empfunden. Für den Außenstehenden könnte keine Erörterung der Prinzipien des Klosters derart belehrend sein wie die Beobachtung seiner Praxis. Wer sich mit den literarischen Zeugnissen der Mystiker befaßt hat, ahnt ohnehin, welche Absichten und Ziele hinter der Einübung gemeinschaftlicher Einsamkeit stehen.

Keine Worte aber vermögen den Eindruck zu ersetzen, den der Anblick einer der wenigen geistlichen Übungen des einzelnen Mönches, die der Außenstehende miterleben kann, hervorruft. Es ist die Rede von den Messen, die jeder Mönch, der zugleich Priester ist, morgens nach dem Stundengebet für sich allein zelebriert. Am späteren Vormittag gibt es natürlich eine lange feierliche Messe mit Choralgesang, mit Priester, Diakon und Subdiakon und dem gesamten Konvent, aber da nach alter Regel jeder Priester täglich selbst eine Messe zelebrieren sollte, erfüllen die zahlreichen Priester der Gemeinschaft diese Pflicht einige Stunden vorher. Es gibt nur noch wenige Klöster des Benediktinerordens, die an diesem Brauch festhalten; die meisten davon stehen in einer engen Verbindung mit Fontgombault.

Die Kirche ist leer. Es ist noch dunkel, wenn die „Privatmessen" beginnen, wie man sich umgangssprachlich und falsch ausdrückt, weil, wie ein Mönch sagt, „die Messe niemals etwas Privates" sei. Vor jedem Pfeiler des Schiffes ist ein kleiner Altar aufgemauert, vollkommen schmucklose steinerne Tische. In den Seitenschiffen des Chores, bereits hinter den Chorgittern, sind weitere Altäre zu ahnen. Ein langer Zug verläßt die Sakristei. Je ein Priester in farbigem Ornat, die weiße Kapuze seines Chorhemdes tief über den Kopf gezogen, in den Händen den Opferkelch unter einem zum Meßgewand passenden Tuch, wird von einem jungen Ministranten in schwarzer Kutte begleitet. Der Zug teilt sich; bei jedem der kleinen Altäre bleiben ein Priester und ein Ministrant zurück, bis alle zwölf sichtbaren Altäre besetzt sind. Überall dieselbe tiefe Verneigung vor dem Altar, überall das An-die-Brust-Schlagen des Schuldbekenntnisses, zu gleicher Zeit der Schritt auf die Stufe und das lautlose Lesen des Eingangspsalms.

Wer sich hinten in die Mitte des Kirchenschiffs setzt, erblickt ein einzigartiges Bild. Die Messe, die sonst das Zentrum einer Kirchenhalle ausfüllt, erscheint hier auf einmal wie durch vielfache Spiegelung omnipräsent. Die Perspektive des auf den Chor zulaufenden Raumes ist bevölkert von einsam zelebrierenden Priestern, von denen jeder mit jeder seiner feierlichen Gesten, dem Heben der Hände, den Verneigungen und Kniebeugen, beansprucht, etwas Einzigartiges zu tun. Noch hinter dem Hochaltar wird plötzlich, beim Heben der Hostie, ein winziges Stück Rot eines Meßgewandes sichtbar. Keine Mauer, keine Kapelle, keine Säule, vor der nicht geopfert wird. Jeder Priester bewegt sich langsam; die Lippen der Lesenden formen sichtbar Wort für Wort. Für die Dauer dieser frühmorgendlichen Messe ist jeder Zelebrant aus der Gemeinschaft der Klosterfamilie, wie

Benedikt als altrömischer Patriarch seine Gründung nennt, herausgetreten. Das Priesteramt hat höchstpersönliche Pflichten geschaffen, von denen kein Kollektiv entlasten kann. Mehr noch als der musikalische und hieratische Glanz der großen gemeinschaftlichen Liturgien machen diese stillen Messen, deren einzige Geräusche die Schritte der ein- und ausziehenden Priester sind, eine mögliche Wirkung der Liturgie sichtbar: Kelch oder Sammelbecken zu sein für die vor einem bloß analytischen Zugriff zerfließende letzte Substanz der Person.

An einem einzigen Augenblick des Tages sieht der Beobachter die Ordnung der Bewegungen zerfallen. Das letzte gemeinsame Gebet ist die Komplet, das Abendgebet, das auf Benedikt selbst zurückgeht. Zwei Lichtquellen gibt es nun noch im Kirchenschiff: das Kerzenmeer zu Füßen der Muttergottes vom Guten Tod und das rote Pünktchen der Ampel, die vor dem Tabernakel am Ende des Chores hängt. Die Mönche haben in einem Hymnus um Schutz vor den „phantasmata", den dämonischen Beunruhigungen des Traumes, gebetet, sie haben von ihrem Vater, dem Abt, den Nachlaß von den Sünden des Tages erhalten und haben sich im Sprechen der Vaterunser-Bitte: „Et dimitte nobis debita nostra, sicut et nos dimittimus debitoribus nostris", miteinander ausgesöhnt. Der Abt hat jeden von ihnen mit Weihwasser besprengt und den ganzen Konvent gesegnet.

Nun beginnt die Zeit des auch durch vermeintliche Notwendigkeit nicht mehr zu unterbrechenden Schweigens. Nach drei Glockenschlägen stehen die Knienden auf und verlassen zum ersten Mal nicht in geformtem Zug, sondern frei durcheinanderlaufend den Chor und verteilen sich in der Kirche. Jeder sucht sich einen Platz für das eigene Gebet. Dort, wo die Leuchtkraft der Kerzen nachläßt, zeichnen sich vereinzelte Umrisse von schwarzen Körpern ab. Aber auch auf den Stufen der kleinen Altäre findet man plötzlich eine vertiefte Dunkelheit, die sich durch eine kleine Bewegung als Mensch zu erkennen gibt. Vor der Grabplatte des ersten Abtes, Petrus a Stella, erhebt sich ein einzelner kleiner Berg, und in den Seitenschiffen, in denen man kaum die Hand vor den Augen erkennt, findet man immer wieder solche Berge, die in der doppelten Umhüllung der Kutte und der Nacht nichts Menschliches mehr haben. In dem ungeordneten Aufbruch hatte für Sekunden etwas eifrig Wimmelndes gelegen. Es war, als versuche jeder einem erwarteten Ziel zuzustreben. Aber schon nach wenigen Schritten ist dies Ziel erreicht. Die Dunkelheit hebt das Gefühl des Räumlichen auf. Wer eine Weile still an seinem Platz bleibt, meint, auf eine ruhige und gewaltlose Weise zu fallen.

Carl Schmitt notiert in seinem Tagebuch unter dem 1.8.1948: „Nicht Robespierre, sondern Metternich hat die monarchische Krone zerstört. Es gibt nur Selbstzerstörung, suicide. Restaurationen sind eine spezifische Methode zur Erledigung und zur Zerstörung des Restaurierten. Warum? Weil sie Selbstzerstörungen sind. Also nur keine Restaurationen! Weder der Kirche noch des Staates, weder der Monarchie noch der Demokratie, weder von Thron noch von Altar, weder vergangener Formen der Freiheit noch vergangener Formen der Bindung und Autorität. ‚Wir ordnens. Es zerfällt. Wir ordnens wieder und zerfallen selbst' (8. Duineser Elegie)."

Die gelegentlich anzutreffende Neigung, das Leben der Mönche von Fontgombault als Versuch einer Restauration anzusehen, wird verständlich, wenn man die Ausstrahlung des Klosters bedenkt. Die Abtei steht in ihrem Zurückkehren zu den benediktinischen Quellen längst nicht mehr allein. Um des Zustroms Herr zu werden, sind von Fontgombault aus bereits vier weitere große Klöster gegründet worden. Mit Fontgombault eng verbunden sind außerdem das gleichfalls neu gegründete Kloster Ste. Madeleine du Barroux am Mont Ventoux, dem auch ein Frauenkonvent zugeordnet ist, das

Kloster St. Joseph in Flavigny in Burgund, das Frauenkloster Jouques und eine Reihe ähnlicher Gründungen und Seminarien, die allesamt eine große Anziehungskraft ausüben und in vollem Wachstum begriffen sind. Was diese Form eines für unsere Zeit ungewöhnlichen und jedenfalls unerwarteten Klosterlebens jedoch von dem Begriff der Restauration, wie ihn der Name Metternichs bezeichnet, trennt, ist der vollständige Mangel an politischem und sozialem Ehrgeiz. Das Wort Erziehung weckt in Fontgombault sehr lebendige Vorstellungen, aber es ist dabei ganz sicher niemals von einer Erziehung gewisser Gruppen, Volksschichten, Eliten, kurzum von der Erziehung fremder Leute die Rede.

Wer den Entschluß faßt, Mönch des Klosters Fontgombault zu werden, hat die Erziehung eines einzigen Menschen im Auge: seine eigene Person. Welche Früchte diese Erziehung trägt, wird im wesentlichen gleichfalls einer einzigen Person bekannt werden, nämlich dem Erzogenen selbst. Die in der Regel vorgeschriebene „stabilitas loci", wie Benedikt das lebenslange Ausharren in ein und demselben Kloster nannte, sieht Wirkungsmöglichkeiten durch Herumreisen nicht vor. Wer die Wirkung dieser Erziehung kennenlernen will, muß vielmehr selbst nach Fontgombault tief in die Provinz fahren; was er dort sehen wird, sind vornehmlich die Mittel dieser Erziehung, die sich – das ist das Wesen der Liturgie – in einer sonst nur in der Kunst zu erlebenden Weise mit den Zwecken dieser Erziehung unauflösbar verbinden. Ob diese bisher vor allem von Frankreich ausgehende monastische Bewegung jemals Einfluß auf die Kirche der Gegenwart und der Zukunft wird nehmen können, ist unter diesen Umständen fast ebenso unwahrscheinlich, wie es die Entwicklung war, die von der Berufung des Fischers Simon und des Zöllners Matthäus zur Weltkirche geführt hat.

Liturgie ist Kunst

Wenn in Deutschland bei einer Auseinandersetzung über die große katholische liturgische Tradition erst einmal der Vorwurf des Ästhetizismus gefallen ist, dann weiß man schon, welche Partei verloren hat. Für die Verteidigung der Liturgie ist der Vorwurf des Ästhetizismus meist tödlich. Auch wenn wir Katholiken sind, so entstammen wir doch einem Land mit lange Zeit militanter Vorherrschaft protestantischer Kultur, und die kulturelle Prägung hinterläßt mindestens ebenso starke Spuren wie die religiöse; T. S. Eliot würde sogar sagen, daß die Kultur der praktische reale Ausdruck des religiösen Glaubens ist – wenn das stimmt, dann bewegt sich der katholische Deutsche in einem Zustand dauernder Schizophrenie, weil sein praktisch kultureller Glaubensausdruck sich von seiner Religion unterscheidet. Der Vorwurf des Ästhetizismus fährt uns wie ein Schuldvorwurf in die Knochen.

Das deutsche Laster Philosophie hat bis in die bescheidensten Gehirne hinein das Konstrukt eines Unterschieds von Inhalt und Form verankert. Nach dieser Doktrin seien Inhalte und Formen von einander ablösbar: Was sie den Inhalt nennt, die Abstraktion, der theoretische Extrakt, das ist für sie die eigentliche Wirklichkeit; die durchbluteten Körper, die sinnlich tastbaren Gestalten hingegen sind bloße Form, austauschbare Schattengebilde; wer sich mit dieser Form befaßt, verbleibt im Peripheren, im Akzidentiellen – wer aber durch die Form hindurchstößt zu den ewigen Abstraktionen, der ist ans Licht der Wahrheit gelangt. Formen sind hier fast etwas Beliebiges geworden, und manchmal sogar Schlimmeres – sie sind unwahr, sie sind verlogen. Wer die Form wahrnimmt und ernstnimmt, schwebt bereits in der Gefahr, gleichfalls verlogen zu sein. Er ist der Ästhetizist. Er sucht die Wahrheit an der falschen Stelle, nämlich im Bereich des Anschauens, und er sucht mit den falschen, mit den verbotenen Mitteln: mit seinen Sinnen nämlich, seinem Geschmack, seiner Erfahrung und seinem Verstand. Aus diesem denkerischen Aufstand gegen das Offensichtliche ist die Grundstimmung unseres Zeitalters geboren worden: ein die ganze Öffentlichkeit erfüllendes Mißtrauen gegen jede Art von Schönheit und Vollkommenheit. Etwas sei „nur schön" – das ist heute die schärfst mögliche Verurteilung. In der Kunst wird das Unfertige, das Fragmentarische, das Zerbrochene begünstigt. Die Beherrschung handwerklicher Regeln und Fähigkeiten, die zum Gebrauch einer vollendeten Formensprache notwendig sind, wird verachtet. Am erregendsten ist es für den zeitgenössischen Kunstfreund, wenn gar nichts irgendwie Sichtbares geboten wird, nur noch ein paar verhuschte Zeichen, kryptische Spuren, die den neuen Schriftgelehrten zu Auslegungsexzessen dienen, die umso wortreicher ausfallen, desto weniger zu sehen ist.

Unter der Wucht des Angriffs dieser Zeitstimmung sind die Katholiken ängstlich und unsicher geworden, wenn es darum geht, ihre überlieferte Form des Opferns und Betens zu verteidigen. Diese Form, diese mächtige Architektur aus Sprache, Musik und Gebärden, war zu anschaulich, zu gestalthaft, um nicht den heftigen Widerspruch der Zeitgenossen zu erregen. Diese Form trat auf, als komme ihr Ehrfurcht zu, als wisse sie nichts von ihrer bloß dienenden Funktion, ihrer Austauschbarkeit, ihrer historischen Bedingtheit. Diese Form war so körperlich, so vollplastisch, daß sie die Feiernden daran hinderte, der Abstrahierung, Philosophisierung, Historisierung und Soziologisierung des Glaubens, wie sie eine neue Theologie leistete, willig zu folgen. Und dann besaß sie die schreckliche, die zutiefst verlegen stimmende, die frivole Eigenschaft, die angesichts der Blässe der neuen Verkündigung so gänzlich unpassend war: sie war schön. Nein, da gibt es nichts zu lachen: Aus seiner Zeit auszubrechen, ist schwer oder unmöglich, und manchmal scheint es, als sei kaum ein Mensch zu finden, der von diesem von der Zeit geforderten Schuldgefühl gegenüber der liturgischen Schönheit immer und überall frei geblieben ist.

Dies sind die Präliminarien, mit denen ich den Nachweis erbringen möchte, daß ich weiß, was ich tue, wenn ich mich dem Thema „Liturgie und Kunst" annähere. Und wie immer, wenn man einen Widerstand zu überwinden hat und Schwung dazu holt, läuft man Gefahr, über sein Ziel hinauszuschießen. Ich bin mir auch dieser Gefahr bewußt und wage mich in sie in voller Absicht hinein. Was ich versuche, erhebt nicht den Anspruch theologischer Deutung, es ist die Betrachtung Christi und seiner Werke aus einer bestimmten Lebenserfahrung heraus.

Oscar Wilde, der große Provokateur, hat in seinem letzten Werk, dem im Zuchthaus verfaßten Brief, der unter dem Titel „De profundis" gedruckt worden ist, Christus einen Künstler und zwar den größten Künstler genannt. Wilde achtete bei seinen Provokationen stets sorgfältig darauf, möglichst vielen Leuten auf einmal auf die Füße zu treten. Die Bezeichnung Christi als Künstler mußte die Frommen irritieren und argwöhnen lassen, er versuche Christus in seinen dekadenten Künstlerbetrieb hereinzuziehen, aber auch die Aufgeklärten waren verstimmt, denn sie freuten sich, Christus gerade losgeworden zu sein und wollten ihn nicht in Verbindung mit etwas so Ernstzunehmendem wie der Kunst wieder zurückgeholt sehen. Ich gestehe, daß ich bei erster Lektüre von „De profundis" diesen „Künstler Christus" als etwas gewagt empfunden habe, vor allem, weil Wilde dann nicht sehr viel brachte, um diesen Einfall zwingend zu begründen: Christi Einfachheit, sein Blick auf die Menschen, seine Phantasie, seine Anmut und seine Armut wurden da als künstlerische Eigenschaften angeführt – gut und schön, aber auch ein wenig enttäuschend in dieser für Wilde eigentlich untypischen lyrisch predigenden Begeisterung. Und doch hat mich das Wort „Christus, der Künstler" nicht losgelassen.

Ich möchte mich hier, wie gesagt, mit „Liturgie und Kunst" befassen. Das Thema klingt nach einer Erörterung von Kunstwerken, die zum liturgischen Gebrauch geschaffen worden sind; auch davon soll später die Rede sein. Zunächst interessiert mich aber das große Überkunstwerk, das die Liturgie selbst ist; ich möchte also die Liturgie der lateinischen Kirche hier einmal unter dem einen Gesichtspunkt betrachten, daß sie ein Kunstwerk ist und daß ihre Gestalt mit den Maßstäben, die für die Beurteilung von Kunstwerken gelten, besser erkannt werden kann. Der Schöpfer eines Kunstwerkes aber ist Künstler, und deshalb möchte ich hier einmal den Blick darauf lenken, daß Christus nicht nur nach der Lehre der Kirche der eigentlich Handelnde jeder Liturgie ist, sondern daß er die Liturgie von ihren ersten Augenblicken an durch seine Handlungsweise mit einem künstlerischen Impuls ausgestattet hat, und daß dieser künstlerische Impuls es war, der die Entwicklung und Ausformung der Liturgie aus ihren Kernhandlungen bis hin zu der großen lebenden Ikone eines feierlichen Pontifikalamtes bewirkt hat.

Das ganze Leben Jesu ist von liturgischen Handlungen durchzogen, ob er sich nun vorgefundenen liturgischen Formen unterwarf oder eine neue sakramentale Zeichensprache schuf. Aus den Ereignissen im Leben Jesu sei hier beispielhaft aber nur der Gründonnerstag herausgegriffen.

Der Logos ist Fleisch geworden in der Zeit der späten Antike. Wir alle ernähren uns bewußt oder unbewußt bis heute aus dem unerschöpflichen Schatzhaus dieser Menschheitsepoche, wir bilden, ob wir es wollen und wissen oder nicht, bis heute unsere Maßstäbe an den Werken der antiken Künstler und Schriftsteller. Aber die erstaunlichste Kunstleistung dieser Zeit hat keinen großen Urheber, sie ist kollektiv: die Fähigkeit der antiken Völker, die Gegenstände der Natur in eine Sprache der Kunst zu übertragen, eine höhere zweite Natur zu schaffen, die aus der Anschauung der Natur geboren war und zugleich eine veredelnde Neuschöpfung darstellte. Wer hat die griechische Säule erfunden? Wer hat als erster den aufrechtstehenden Menschen in diese zugleich abstrakte und durch die Schwingung ihrer Linien, ihr Anschwellen und Abschwellen, auch wieder organische Form verwandelt? Wer hat aus den Blättern der Akanthusstaude das korinthische Kapitell entwickelt, wer hat aus den gedrehten Ziegenhörnern der Opfertiere, die an den Pfosten der Opferstätten angebracht wurden, das ionische Kapitell gemacht? Die urälteste Balkenbauweise ist stilisiert und zum schmückenden Fries verwandelt, aufgehoben in den Marmortempeln der großen klassischen Zeit. Diese Gnadengabe der antiken Völker, die sie befähigte, in der Natur das in ihr ruhende Kunstwerk zu erblicken, besaß Christus in höchstem Maße, er hatte die Erde, wie wir glauben, „in der Fülle der Zeiten" zu dem Augenblick betreten, in der diese Gabe gerade noch blühte.

Die Szenerie des Gründonnerstags ist bekannt. Christus versammelt seine Jünger, um in Jerusalem mit ihnen das jüdische Ostermahl zu halten, zusammen mit Tausenden von Pilgern in der Stadt; dieser Ansturm hatte es notwendig gemacht, das rituelle Mahl über mehrere Tage hinweg zu erlauben, nicht nur am eigentlichen Festtag. Wir wissen auch, was Christus aus diesem Festmahl machte: das Opfer- und Erlösungsfest des Neuen Bundes, eines der größten Mysterien seiner an Mysterien reichen Wirkungszeit. Wie ging er dabei vor? Kein größerer Abstand zwischen der Neuheit der Tat und dem Alter ihrer Form ist denkbar. Christus verschmäht es, an geheiligte uralte Bräuche aus den Zeiten früherer Offenbarung zu rühren. Er spricht die alten

Gebete, er gebraucht die alten Gesten. Er, der aus dem Tempel die Händler, aber nicht die Priester vertrieben hatte, ändert bei der Stiftung des Neuen kein Wort. Er sprengt das Ritual nicht, obwohl er alles Recht dazu besessen hätte, als einziger. Und danach, *postquam coenatum est*, ergreift er ein Stück des übriggebliebenen Brotes, und er verleiht mit dieser einfachen Geste, die nichts stört, sondern die aus dem Ritus wie eine neue Blüte herauswächst, allem was vorher und was nachher geschieht, eine neue Bedeutung.

Man könnte hier fragen, was an dieser Unterwerfung unter die alte überlieferte Form eigentlich künstlerisch sei? Sind Künstler nicht Schöpfer von Neuem, vor allem beständige Erneuerer der Form? Ist Originalität der Form nicht geradezu Abzeichen des Künstlertums? So denken wir uns das in den Zeiten eines von uns noch kaum in seinem ganzen Umfang geahnten Niedergangs. In den großen produktiven Epochen beschäftigten sich die Künstler nie mit dem Problem der Originalität, sie schufen etwas Neuartiges, etwas Unerhörtes und bis dahin Niegesehenes gerade dann, wenn sie glaubten, einer großen überlieferten Form besonders liebevoll und verehrend zu dienen. Das Neue, das wirklich Neue, nicht das zurechtgebastelte Experiment, entsteht unbewußt aus neuer individueller Belebung des Alten. So ist das in der Kunst. Bei Christus kann von Unbewußtheit freilich nicht gesprochen werden. Aber es ist doch unübersehbar, wie er in seiner höchsten Bewußtheit die Gesetzmäßigkeit dieses Prozesses bestätigt. Und nun die Wahl der Substanz, die er für seinen Akt, den Einsetzungsakt des Altarsakraments, gebrauchte. Hier nimmt er nun etwas Unerwartetes. Hätte er angesichts seines bevorstehenden Opfertodes als Lamm Gottes für den Satz: Dies ist mein Leib! nicht eigentlich von dem auf dem Tisch liegenden Osterlamm nehmen müssen, statt eines Stückes Brot? Nun, wir wissen, wie rein sich das zum Leib Christi gewordene Brot in die vom Gründonnerstag aus betrachteten vorbereitenden Worte Jesu fügt: in das Gleichnis vom Weizenkorn, in die Vaterunser-Bitte vom täglichen Brot, in die Mahnung, der Mensch lebe nicht vom Brot allein, sondern von jedem Worte Gottes – hier war nun ein Brot, das zugleich Wort Gottes war.

Das Ende der blutigen Opfer kündigt das Brot an. Jesu Tod soll das letzte blutige Opfer sein. Aber liegt nicht auch etwas von der genialen Naturverwandlungs- und Überhöhungsfähigkeit der griechischen Künstler in der Wahl, ein Stück Brot zur Wirklichkeit des geopferten gottmenschlichen Fleisches zu erheben? Und dabei ist ein entscheidender Unterschied zum griechischen Künstler evident: der Künstler schuf nach der Natur, in Anschauung und Studium – Christus aber schuf das unblutige Opfer in Vorwegnahme der realen Hinrichtung und ihrer grauenhaften Umstände. Man könnte sagen, daß er in Vorahnung und Vorwissen – das ganze Gründonnerstagsmahl ist von Ankündigungen durchzogen – ein Bild seines Todes malte, daß er den Qualen seiner Hinrichtung selbst formschöpfend die künstlerische Gestalt gab, die ihren wichtigsten Kern, das nährende erlösende Liebesopfer, am reinsten und unmißverständlichsten wiedergab.

Noch ein Ereignis des Gründonnerstags verdient die Würdigung unter dem Gesichtspunkt des Kunstwerks. Es ist die Fußwaschung, an der man geradezu eine Theorie der Natur des Kunstwerks aufstellen kann. Auch hier geschieht zunächst Außergewöhnliches. Solche Waschungen gingen einem Gastmahl voran, sie gehören zu den religiösen und profanen Riten der alten Welt. Außergewöhnlich ist nur der Waschende. Christus wäscht zur Verwirrung und zum Staunen der Jünger ihnen die Füße und leistet damit einen Dienst, der Unterordnung und Gehorsam ausdrückt. Danach erklärt er, was er getan hat: „Ein Zeichen habe ich euch gegeben." Aber ist es unerlaubt, diese Erklärung schwächer zu finden als das Zeichen selbst? Daß die Jünger einander lieben und einander dienen sollten, das hatten sie schon einige Male von ihm gehört, es besaß deswegen auch nicht geringere Bedeutung. Ich wage aber zu behaupten, daß dieses Zeichen, diese Fußwaschung in Erwartung der bevorstehenden Verhaftung mehr war als die wirkungsvolle Illustration einer moralischen Verpflichtung. Wie bei einem Kunstwerk stellt sich eine die Aussage übersteigende Wirklichkeit dar. Es bleibt ein Rest, der nicht einfach verstanden werden kann, sondern der angeschaut und angestaunt werden muß.

Und nur die Kunst verfügt über die Mittel, dem Auftrag Christi beim Gründonnerstagsmahl zu entsprechen. Dieser Auftrag ist die Memoria, die immer aufs neue wiederholte Vergegenwärtigung des zu unblutiger Gestalt von Christus geformten eigenen Opfers. Die großen Werke der Kunst haben diese unbegrenzte Gegenwart. Ein neues Paßphoto sieht schon aus, als werde es bereits von der Polizei zur Identifizierung eines im Fluß gefundenen unbekannten Toten verwendet, aber eines der Mumienportraits aus Fayum in Ägypten, zweitausend Jahre alt, flößt uns das unbestimmte Gefühl ein, diesen Menschen gerade eben bei einem Pizzabäcker gesehen zu haben. Das Merkmal des Kunstwerks ist seine Lebendigkeit – nicht seine Zeitgemäßheit; etwas Zeitgemäßes kann mausetot sein, ohne daß es in der jeweiligen Epoche schon auffällt. Das historische Dokument läßt uns die Kluft empfinden, die uns von einer untergegangenen Zeit trennt; das Kunstwerk läßt uns diese Kluft vergessen. Weil Christus die Vergegenwärtigung seines Opfers wünschte, goß er es in die Gestalt liturgischer Kunst.

Und aus demselben Geist, in dem Christus seinem Opfer Form gab, begann nun die Kirche, diesem größten Bild seinen Rahmen zu schaffen. Zunächst änderte man nichts. Die Zeugen der Auferstehung gingen sogar noch in den Tempel – ein im Nachhinein geradezu inkonsequentes Verhalten! –, weil ihnen Christus das Beispiel der unbedingten Verehrung gewachsener Form gegeben hatte. Als sie nicht mehr in den Tempel gingen, weil sie, wie Christus es vorausgesehen hatte, „aus den Synagogen herausgestoßen" wurden, da begannen sie, das Gründonnerstags- und Karfreitagsopfer mit den Formen des Synagogengottesdienstes zu umgeben. Sie beteten die alten Psalmen wie Christus, der noch im Augenblick seines Todes einen Psalm gesprochen hatte. Hier, in diesem Prozeß der alten Kirche, in dem sich die Liturgie formt, so wie sich werdendes Leben entwickelt, ist beispielhaft zu erkennen, wie der homo religiosus eine Reform des Betens betreibt, und hier ging es, wohlverstanden, um die größte aller Reformen: er ändert nichts, aber er erfüllt mit einem neuen Geist. Der Faden war von dem göttlichen Meister „in der Fülle der Zeiten" in eine gesättigte Lösung gehängt worden, die nun zu Kristall schoß. Ganz früh und scheinbar plötzlich ist die Liturgie dann da, in ihrer vollständig ausgebildeten Gestalt.

Judentum und Heidentum trugen ihre für diesen Augenblick aufbewahrten Schätze, den Magiern vergleichbar, herbei und fügten die edelsteinbesetzten Schranken zusammen, die den Mysterienbezirk von nun an umgaben. Von Anfang an hatte Christus deutlich gemacht, daß seine Brotbrechung am Gründonnerstag die gewaltsame Zerstörung seines Leibes am Karfreitag verkörperte, und er hatte angedeutet, daß es dennoch ein zukünftiges Mahl geben werde. Deshalb wußten die Jünger, daß hinter dem Velum der Stille und Abgeschiedenheit, das die Ereignisse im Abendmahlssaal umgab, andere Ereignisse der Vergangenheit und der Zukunft gegenwärtig verborgen waren: das Opfer Abels, das das Gebet der Völker, die die Uroffenbarung empfangen hatten, repräsentierte, das Opfer Abrahams, der die Verheißung empfangen hatte, das Opfer Melchisedechs, dessen geheimnisvolle Gestalt für die Völker stand, die keine Juden waren. Und dann das zukünftige Mahl, das Johannes „die Hochzeit des Lammes" genannt hatte. Schon die ganz frühe Kirche wußte, daß die Liturgie in *conspectu angelorum* stattfindet; in den Engelsgebeten „Gloria" und „Sanctus" wird diese Gegenwart nicht beschworen, sondern festgestellt; die Ostkirche läßt die Gläubigen vor dem „Sanctus" sogar singen: „Wir stellen jetzt in mystischer Weise die Engel dar."

Die Liturgie wurde ein reiches Bild, mit wimmelnder Detailfülle; ein Bild, das im Ganzen mehr ist als die Summe seiner Teile, und das deshalb angeschaut werden muß und niemals ganz verstanden werden kann. Am besten haben sich noch die Künstler gegenüber der Liturgie geäußert. Ich denke hier etwa an den großen Enguerrand Quarton im französischen 15. Jahrhundert, seine Marienkrönung in Villeneuve-les-Avignon. Gott Vater und Gott Sohn treten hier in gleicher Gestalt auf, getreu dem bei Johannes überlieferten Satz: „Wer mich sieht, sieht den Vater". Beide tragen ein rotes Pluviale, priesterliche Gewänder; das Gesicht der Maria, die unter ihnen kniet, ist weiß wie eine Hostie. Sie ist die Verkörperung der Erlösung, der Neuschöpfung des Menschen, das Ziel der Liturgie. Die zelebrierende Dreifaltigkeit ist umgeben von den Ordnungen der Engel und Erzengel, der Throne, Mächte und Gewalten, der Märtyrer, Jungfrauen und Bekenner. Das alles schwebt in tiefem stratosphärischem Blau über der Erde. Auf der Erde aber erkennt man Moses vor dem brennenden Dornbusch, und man sieht Gregor den Großen jene Messe zelebrieren, bei der ihm während der Wandlung der Gekreuzigte auf dem Altar erschien. Man sieht die winzigen Kreuze von Golgatha, im Meer der Geschichte verloren, man sieht die sich öffnenden Gräber des Jüngsten Tages, und man tut einen Blick in die Unterwelt, die noch auf die Erlösung wartet. Die Marienkrönung des Enguerrand Quarton ist eine präzise Vision der Liturgie, die deutlich macht, daß die Messe selbst eine Vision enthält, verborgen unter Schleiern alter Worte, unter der Stille der Gebärden, unter in der Frühzeit der Menschengeschichte wurzelnden Handlungsweisen. Die Meßliturgie ist eben mehr als die Verkündigung des lehrenden Christus. Sie ist ein großes Ecce homo – die Ausstellung, die Zeigung des schweigenden Christus. Sie ist unendlich mehr als das Gebet der Gläubigen. Sie ist ein Blick auf das Unausdenklichste: Gott betet.

Das Konzil von Trient hat in seiner Lehre über die heiligen Riten der Liturgie ausgesprochen, daß diese Riten „nichts Unnützes oder Überflüssiges enthalten". Dieser Satz fordert, wenn er richtig verstanden wird, wiederum dazu auf, die Liturgie als Kunstwerk zu betrachten. Unter dem Eindruck der unablässigen Schändungen und des Verfalls haben wir uns verstärkt wieder daran gewöhnt, die Liturgie oder was wir eben da im einzelnen vorfinden, unter dem Gesichtspunkt der „Gültigkeit" zu betrachten. Das ist römisch-juristischer Stil, der seine Tradition und seine Berechtigung hat, der aber für die Betrachtung liturgischer Handlungen im Grunde nichts beisteuern kann. Die Messe ist kein notarieller Akt, der bei Vorliegen der minimalen Formerfordernisse „gültig" wird. Man stelle sich einen Kirchenjuristen vor, der dem verwirrten und ratlosen Besucher einer modernen sonntäglichen Veranstaltung erklärt, daß in dem, was dort stattgefunden hat, erstens, zweitens, drittens verwirklicht worden sei, es sich also um eine „gültige" heilige Messe gehandelt habe – zur Bestätigung könnte er einem dann auch noch einen Stempel für die Erledigung der Sonntagspflicht mit nach Hause geben. Nein, die Messe ist kein Rumpfprogramm, dem bei Gelegenheit noch einige, die Besinnlichkeit fördernde Verzierungen angehängt werden können. Die Riten enthalten vielmehr „nichts Unnützes oder Überflüssiges". Wer würde wagen, bei einem großen Fresko, einer großen Dichtung „Überflüssiges oder Unnützes" zu entdecken! Es mag in einem Meisterwerk Brüche geben, es mag schwächere Partien enthalten, Wiederholungen, Unverständliches, Inkonsequentes – Überflüssiges und Unnützes jedoch nie. Wie lächerlich haben sich zu allen Zeiten übereifrige Schulfüchse gemacht, die die „Fehler" der Meisterwerke beseitigen wollten und in den Fresken Michelangelos und den Tragödien Shakespeares herumpfuschten. Große Werke haben eine Seele, die auch da, wo ihr Körper womöglich beschädigt ist, spürbar bleibt, sich regt und leuchtet. Wie solch ein profanes Meisterwerk, hat man die Liturgie zu betrachten, mit mindestens derselben Ehrfurcht. Und diese Ehrfurcht öffnet die Augen. Ein hingegebenes Studium, eine Meditation des Details, vor allem des überflüssig erscheinenden Details, führt schon bei der Betrachtung eines profanen Kunstwerks häufig genug dazu, daß die Stelle, die eben den Anstoß erregte, unversehens sich mit Leben füllt und zum Schluß womöglich als eine besondere Qualität des Werkes erscheint, das sie eben noch zu stören schien. Bei den Riten der heiligen Liturgie ist dies aber immer so. Es gibt in ihnen nichts, das sich bei intensiver Betrachtung nicht mit geistiger Kraft geradezu vollgesogen erweist. Ich möchte jeden zu dem Versuch ermuntern, sich einen Teil des Ritus vorzunehmen – man wähle vor allem unter denen, die die Reform Papst Pauls VI. der Warnung des Konzils von Trient zum Trotz als überflüssig und unnütz angesehen hat – und seine Bedeutung und bildliche Erscheinung zu erforschen – man wird das Konzil von Trient glänzend gerechtfertigt finden.

Ein Beispiel: Als besonders überflüssig wurden lange schon die vielen Kreuzzeichen angesehen, die der Priester über der konsekrierten Hostie macht, und weil sie überflüssig waren, wurden sie dann eben auch schlampig gemacht, eine Art nervöses Fliegenverscheuchen, und schließlich wurden sie gestrichen; selbst die Anhänger der alten Messe weinten ihnen nicht lange nach. Kreuzzeichen sind üblicherweise mit Segnungen verbunden, und da gab es nichts Überflüssigeres auf der Welt, als eine gewandelte Hostie zu segnen, die allen erdenklichen Segen ja bereits enthält. Die Deutung der Funktion dieser Kreuzzeichen, die ich Ihnen nun vorlegen möchte, ist liturgiewissenschaftlich nicht abgesichert, aber sie erscheint mir so naheliegend, daß darüber gesprochen werden sollte.

Tatsächlich sind diese Kreuzzeichen keine Segnungen, aber was dann? Die Lösung liegt , so meine ich, in ihrer Zahl. Zweimal macht der Priester fünf Kreuzzeichen, einmal drei, einmal zwei. Beginnen wir bei den zwei Kreuzzeichen im *Supplices te rogamus* bei den Worten *Corpus et sanguinem*. Keine Segnungen, aber Bezeichnungen – und was bezeichnen sie hier? Nichts anderes, als daß beiden Substanzen, Brot und Wein, die gleiche Würde zukommt, weil beide zusammen und jedes für sich den ganzen Christus verkörpern. Fünf ist die Zahl der fünf Wunden Christi, die fünf Kreuzzeichen über den Opfergaben bezeichnen die fünf Wunden, die sie unsichtbar tragen, die Wunden, die bei der Schlachtung des Lammes geschlagen wurden.

Drei Kreuze bezeichnen die Dreifaltigkeit, und im besonderen, daß der aus fünf Wunden blutende Christus eine Person der Dreifaltigkeit ist. Wir sehen in diesen stummen Kreuzzeichen also auf die knappeste Art eine vollständige Theologie der Heiligen Messe und insbesondere des Geschehens bei der Wandlung zum Ausdruck gelangen: der eine Christus in beiden Gestalten, Gottes Sohn, liegt mit seinen Wunden auf dem Opferaltar, dessen schmale lange Leinentücher, auf die die Rubriken soviel Wert legen, nun wirklich zu den in der Bibel beschriebenen Grabtüchern werden, die bei der Auferstehung zusammengefaltet in einer Ecke des Grabes gefunden wurden. Sollten die Hinweise auf dies Ereignis „überflüssig und unnütz" sein?

Ich möchte meine Betrachtung der Liturgie als Kunstwerk nicht schließen, ohne auf ein oder vielmehr zahlreiche kurze literarische Kunstwerke hinzuweisen, die sie enthält. Ich meine die Orationen – Collecte, Secret und Postcommunio – vor allem der Sonntage. Offenbar sind nur profane Philologen imstande, diese Gebetsformulierungen, die gewiß zu den ältesten Bestandteilen des liturgischen Erbes zu zählen sind, unter literarisch-künstlerischen Gesichtspunkten zu würdigen: „Der Großteil der Orationen (Priestergebete) und der Präfationen ist in den Sakramentarien des 5.–7.Jh. überliefert. In all diesen Texten ist – zumal unter dem eigentlich literarischen Gesichtspunkt – die Substanz des Missale Romanum gegeben: Schöpfungen von hoher theologischer Aussagekraft, nach den Regeln spätlateinischer Kunstprosa gestaltet. Gebilde von monumentaler Einfachheit und bestechender Präzision. Sie sind von einer solchen Vollendung, daß sie, im wesentlichen unverändert bewahrt, bis heute die Gebetsform der katholischen Kirche geblieben sind."(In *Kindlers Literaturlexikon* Bd.IV, 1968, Sp. 2721) Diese Orationen entstammen einer ganz anderen Sprachwelt als das Latein der Vulgata, das demgegenüber seltsam primitiv wirkt. In den Orationen spricht die römische Kirche, die das Erbe des römischen Reiches angetreten hat, indem sie aus einem staatlichen und kulturellen Universalismus einen spirituellen Universalismus machte. Geschult an den glänzendsten Beispielen antiker Rhetorik werden hier die Gebetsanliegen der Kirche auf das eleganteste zu kostbaren, dem Aphorismus nicht unverwandten Figuren geformt. Ihr Ausdruck ist von bezwingender Sanftheit. Nie hat sich die römische Kirche schöner dargestellt als in diesen Orationen, die eine Schule sakramentalen Empfindens sind. Die Eigenart der katholischen Kirche, ihre Nachsicht mit dem Sünder, ihre behutsame Führung der Seelen, ihr Vertrauen auf den ihr überlassenen Gnadenschatz, ihre Hoffnung auf das allmähliche Schmelzen der verhärteten Herzen kommt in einer Geschliffenheit zum Ausdruck, die Freude an dem sprachlichen Gelingen vermittelt und die diesen kurzen Sätzen in all ihrem Ernst etwas Lächelndes gibt. Die Orationen halten sich in klassischer Allgemeinheit, denn sie sind das öffentliche Gebet der Kirche für alle Menschen, und doch enthalten sie einen Stoff, der auch den einzelnen stillen Leser zu treffen vermag.

Nichts ist schwerer, als eine Oration beispielhaft herauszugreifen, weil darin der Verzicht auf so viele noch schönere liegt. Wahllos herausgegriffen also die Secret vom 4. Sonntag nach Pfingsten: *Oblationibus nostris, quaesumus, Domine, placare susceptis: et ad te nostras etiam rebelles compelle propitius voluntates* – „Durch den Empfang unserer Opfergaben, Herr, sei versöhnt, und dränge gnädig unseren Willen, wenn er auch widerspenstig ist, zu dir hin."

Von der Höhe eines solchen Gebets herabzusteigen, indem man sich vor Augen führt, welche Art von Sprachgebilden in dem in der Geschichte einzigartigen Gewaltstreich, „Liturgiereform" genannt, an die Stelle der alten Orationen gerückt wurden, das ist immer noch ein schmerzhaftes Unterfangen. Als in einer Messe die Dame, der die Formulierung der Fürbitten anvertraut war, in dem heute typischen Ton aus salbungsvoller Sentimentalität und Zeitungsjargon vorbetete, flüsterte mir ein Freund zu: „Herr, gib, daß unsere Urlaubsphotos gelingen mögen!" Leider erweist sich die Ohnmacht der Satire hier besonders krass. Das Gebet für die Urlaubsphotos ist inzwischen zehntausendfach von der Realität eingeholt und übertroffen worden. Der sprachliche Kitsch, der musikalische Kitsch, der Kitsch in Malerei und Architektur haben das Erscheinungsbild der öffentlichen Akte der Kirche vollkommen überflutet. Auf den Altären liegen beigefarbene Treviradecken wie auf Couchtischen, drei dicke Kerzen in handgetöpferten Tonschalen mit unappetitlich an Körpersekrete erinnernden Glasuren stehen in der einen Ecke, in der anderen schmückt ein nach den mißverstandenen Prinzipien des japanischen Ikebana geschaffenes Gesteck aus Wurzeln und Trockenblumen die Tischplatte, in deren Mitte sich statt eines Kreuzes das Mikrophon erhebt. Wo steht die Schale mit den Salzmandeln, fragt man sich, denn eines steht nach der äußeren Erscheinung dieser Altäre völlig unzweifelhaft fest: sie sind keine Opferaltäre, und sie sollen auch gar keine sein.

Diese Betonhallen, diese Teppichböden, diese massiven Birkenholzmöbel, die Ledersessel am Altar, die Punktstrahler – diese ganze Innenarchitekten-Solidität einer neuen oder restaurierten Kirche weiß nichts davon, daß der heilige Raum, der heilige Ort *terribilis*, schaudererregend, ehrfurchtgebietend, ist und auch so aussehen muß. Die erste religiöse Betätigung des Menschen bestand im Abstecken des heiligen Raums, und in den alten Kirchen geschieht das nicht nur durch die Mauern, die die Außenwelt abwehren, sondern im Innern zur sinnlichen Verdeutlichung gleich noch einmal: Chorschranken, Kommunionbänke, hohe Gitter, Lettner und Ikonostasen schaffen den Raum für das Allerheiligste. Das war gebauter Glaube an die körperliche Gegenwart Gottes.

Es ist für die Lebenskraft der Liturgie kein geringes Indiz, welchen Niederschlag sie in der profanen Kunst ihrer Zeit findet. Für das ästhetische Gesicht der neuen Kirche nach dem Konzil mag hier ein Gedicht von Robert Gernhardt stehen. Gernhardt ist der Kirche denkbar fern; er ist ein brillanter Nonsenskünstler, Satiriker, Humorist, aber in dem Gedicht, das nun folgt, scheint ihm das Lachen irgendwie vergangen zu sein, der Abscheu ist wohl zu groß gewesen. Das Gedicht hat die Kirche St. Mariä Himmelfahrt in Ahaus zum Gegenstand, die aus einem hochgotischen Turm und einem neuen Betonschiff besteht, man nehme aber ruhig an, daß der Autor dies besonders böse Beispiel als symptomatisch empfindet, Ahaus ist längst überall, und die Gesinnung, die solche Bauten hervorbringt, herrscht ungebrochen.

St. Horten in Ahaus

In Ahaus steht eine Kirche,
die nennen die Bürger St. Horten.
Der Fremde verharrt entgeistert
in und vor solchen Orten.

Das Ding das ragt und steht,
die Dummheit ist konkret.

Für diese Kirche in Ahaus
wurde eine alte abgerissen.
Grad noch der Turm blieb übrig,
der Rest hat für immer verschissen:

Er dräut ganz grau und kahl,
die Dummheit ist brutal.

Der Anblick der Kirche in Ahaus
läßt zugleich weinen und lachen.
Traurig, was die da sich trauen,
Komisch, was die da machen:

Das rühmt sich noch des Drecks,
die Dummheit ist komplex.

Die Kirche St. Horten in Ahaus
wird noch in tausend Jahren
Entgeisterten davon künden,
wie willfährig wir waren:

Von wegen Qual der Wahl,
die Dummheit war total.

Man erinnere sich nur, welche Bedeutung die katholische Liturgie für das Werk eines James Joyce besaß. Joyce hat wahrlich keine Sympathien für die Kirche gehegt, und sein Roman *Ulysses*, eines der größten Werke der neuen Literatur, mag für manche Katholiken einen fast unerträglich lästerlichen Charakter besitzen. Aber wenn es in diesem Werk ein fühlbares ästhetisches Gerüst, eine letzte kulturelle Instanz gibt, dann ist das die alte lateinische Messe, deren Ritus und deren Sprache den wüsten Sprachwucherungen eine Art Halt geben. Der Ulysses beginnt mit dem Psalm Judica, dem Stufengebet der alten Messe.

Liturgische Spuren sind allgegenwärtig in diesem Werk, aber besonders eindrucksvoll ist die Szene, in der der jüdische Held des Romans, Leopold Bloom, voll Spott und Distanz einer Messe beiwohnt, und gegen seinen Willen einen gewissen Respekt für das, was er da sieht, nicht unterdrücken kann. Joyce hätte sich nie vorstellen können, daß er einen tödlich gefährdeten Kult beschrieb; für ihn war die Messe etwas Unveränderbares, Objektives, eine schon fast Natur gewordene Institution, die man befehden konnte, weil man im Geheimen wußte, daß sie unzerstörbar war. Ohne die alte Liturgie hätte *Ulysses* niemals geschrieben werden können – hier spürt man die große kulturelle Schöpferkraft der Liturgie: selbst ihre Gegner konnten sich nicht aus ihrem Schatten lösen, sondern zehrten von ihrer ästhetischen Substanz.

Niemals wird die reformierte Liturgie und das, was sie schmückend hervorbringt, zu einer kulturellen Grundtatsache im Leben der Völker werden können, dazu ist sie zu blaß, zu künstlich, zu wenig religiös, zu formlos. Auf der anderen Seite ist die alte Liturgie für die furchtbare Belastungsprobe, der sie ausgesetzt ist, nicht so schlecht gerüstet, wie es uns beim Anblick der täglichen Misere oft scheinen mag. Der Kampf gegen die alte Liturgie hat uns zu größeren Einsichten in ihre

Natur verholfen. Zunächst mußte man es fast als Todesstoß empfinden, als die Liturgie aus den herrlichen alten Kirchen, die für sie geschaffen waren, vertrieben wurde. Aber dann sah man, daß es die Kirchen waren, die starben, wenn der sakrale Geist aus ihnen schwand – die Liturgie lebte in den kümmerlichsten Umgebungen weiter. Sie ist es ja, die alle Festlichkeit hervorbringt – die Kunst kann ihr wesentlich nichts hinzufügen. Ein Dompfarrer stellte mir deutlich gereizt einmal die Frage, wozu ich denn in die alte Messe gehen wolle – im Dom gebe es doch hin und wieder sehr aufwendige Orchestermessen. Es war ihm nicht begreiflich zu machen, daß eine stille Messe nach dem alten Ritus in einer Garage gelesen festlicher ist als das größte Kirchenkonzert mit geistlicher Garnierung. Was wir in einer Zeit ohne heilige Bilder, ohne heilige Räume, ohne heilige Musik begriffen haben, das ist, daß die alte Liturgie selbst das allergrößte Bild ist, und daß, sollte es überhaupt noch einmal eine bedeutungsvolle religiöse Kunst geben, diese Kunst aus der alten Liturgie hervorgehen wird.

Über hundert Jahre dauerte die Epoche des Bildersturms in Byzanz, in dem übrigens auch damals ein Stückchen ökumenisches Kalkül – auf den bilderfeindlichen Islam bezogen – enthalten war. Der römische Ikonoklasmus nach dem II. Vatikanischen Konzil hat seinen Namen vorausahnend schon im vorigen Jahrhundert durch Dom Prosper Guéranger erhalten: die antiliturgische Häresie. In Byzanz siegte nach unermeßlichen Zerstörungen das heilige Bild. Unbeugsame Mönche hatten die Ikonen in ihren Schutz genommen. Auch wir brauchen viele unbeugsame Priester, die für uns den heiligen Ritus der Fleischwerdung hüten. Ihrem gehorsamen Ungehorsam gilt meine ganze Hoffnung.

Knien, Stehen und Gehen

Vom richtigen Verständnis der „Tätigen Teilnahme"

I

Vor der Liturgiereform war das Knien beim Beten eines der dem Außenstehenden unmittelbar ins Auge fallenden Erkennungszeichen der Katholiken. Inzwischen sind aus vielen Kirchen die Kniebänke herausgeräumt worden; neue Kirchen werden manchmal erst gar nicht mehr mit Kniebänken versehen; die Kommunionbänke, an denen die Kommunion auf Knien empfangen werden konnte, fehlt allgemein. Das Knien sei Zeichen privater Devotion, heißt es. Die frühe Kirche habe die Liturgie ausschließlich stehend gefeiert. Das Stehen sei das Zeichen der Auferstehung, mithin die einzig angemessene Haltung für den Vollzug des christlichen Kultes.

Das Gespräch über die der Liturgie entsprechenden Körperhaltungen ist deshalb so schwierig, weil die kirchenhistorisch-archäologische Argumentation fast immer in politisch-taktischer Absicht vorgetragen wird. Wer das Stehen beim Beten propagiert, der will heute in sehr vielen Fällen damit der Verehrung des eucharistischen Christus ein Ende bereiten. Daß das Stehen eine im Altertum Ehrfurcht und Feierlichkeit ausdrückende Gebetshaltung war, daß der Stehende sich zur Auferstehung berufen und den Auferstandenen verkündigend empfand, können wir als Information zur Kenntnis nehmen, ohne deswegen dasselbe zu empfinden – das Stehen als Gestus hat inzwischen jedwede Bedeutung verloren.

In meiner Jugend kamen bei Familienfesten Katholiken und Protestanten zusammen, wie das in den meisten deutschen Familien der Fall sein wird. Wenn dann die Messe gelesen wurde und die katholischen Tanten bei der Wandlung knieten, standen die evangelischen Onkel – das enthielt für mich folgende Botschaft: „Wir respektieren eure Andacht, haben aber mit der Sache selbst nichts zu tun." Das Stehen war zu etwas dezidiert weniger Feierlichem, Andächtigem geworden, es hatte jetzt etwas Ziviles, eine Haltung aus dem Bereich der „guten Manieren", deren Unbequemlichkeit schmerzlich empfunden wird – und so folgte denn auch vielerorts, wo der mündige Christ weiß, daß „gute Manieren" keine religiöse Kategorie sind, anstelle des peinigenden Stehens das behaglichere Sitzen.

Mit diesem Sitzen ist den liturgischen Neuerern eine wirkliche Erfindung gelungen, denn gesessen wurde in der alten Kirche überhaupt nicht. Wer eine römische Basilika oder eine byzantinische Kirche betritt, der stellt fest, daß es in ihnen keine Stühle und Bänke gibt (wenn man sie nicht in Rom nachträglich hineingestellt hat). Schon die häufig reich mit edlen Steinen inkrustierten Böden zeigen, daß sie gewiß nicht geschaffen worden sind, um durch Gestühl wieder verdeckt zu werden. Wer gebrechlich ist, kann sich in der byzantinischen Kirche in ein an der Wand befindliches halbhohes Gestell hineinlehnen; in der koptischen Kirche werden hohe Stäbe mit einem T-förmigen Griff verteilt, die man sich unter den Arm klemmt, aber von solchen Hilfen abgesehen wird die ganze vielstündige Zeremonie „durchgestanden", unterbrochen nur von den zahlreichen tiefen Verneigungen, bei denen mit der Hand der Boden berührt wird, und der Proskynese, dem Knien auf dem Boden und dem Berühren des Bodens mit der Stirn.

Das Knien in der christlichen Liturgie hat zwei Wurzeln, die sich, wenn man sie verfolgt, zu einer einzigen vereinen. Die erste ist das Neue Testament. „Und er fiel nieder und betete ihn an" – das wird nicht nur bei Johannes von dem geheilten Blindgeborenen gesagt, sondern es taucht immer wieder auf, wenn einem Menschen plötzlich die Gottheit Jesu klar wird. Der Kniefall des Neuen Testaments ist durchaus unliturgisch – er entsteht aus der Überwältigung des Augenblicks, er ist die Antwort auf die Epiphanie, die einem einzelnen gnadenhaft geschenkt wird. Man hat bei den Kniefällen des Neuen Testaments den Eindruck, daß der Niederfallende vom Blitz einer Einsicht getroffen ist. Der Kniende sieht in diesem Moment mehr als die Umstehenden; was er sieht, kann er nicht besser ausdrücken als mit dem Wort „Credo". Wie gelangt dieser geradezu unwillkürliche, höchstpersönliche, sich aus dem Augenblick ergebende Kniefall in die Ordnung einer überpersönlichen, überzeitlichen Liturgie?

Obwohl die wesentlichen Elemente der Liturgie sich schon in den allerersten Zeugnissen der Apostelzeit finden, konnte sich ihre Architektur erst entfalten, als auch eine äußere Architektur für sie geschaffen worden war. Die Liturgie wurde in den ersten drei Jahrhunderten in nicht für sie gebauten Räumen gefeiert, in den berühmten Katakomben und in Privathäusern, Provisorien, die der Unsicherheit und der Bedrohtheit der frühen Kirche entsprachen. Die ersten Kirchen hat Kaiser Konstantin der Große errichtet, und zwar unmittelbar nach seinem Sieg über Maxentius 313 – die Lateransbasilika, Alt-St. Peter und St. Paul vor den Mauern in Rom, die Grabeskirche in Jerusalem und die Vorläuferin der heutigen Hagia Sophia in Konstantinopel. „Die kaiserliche Großform steht am Anfang des christlichen Kirchenbaus" – diese Erkenntnis der kunsthistorischen Forschung (Gerke, *Spätantike und frühes Christentum*, Baden-Baden 1967) hat auch eine besondere Bedeutung für die mit dem Kirchenbau auf das engste verschmolzene Liturgie.

Bei der Betrachtung frühchristlicher Madonnen- und Heiligendarstellungen bis hin in das Mittelalter fallen oft Vorhänge auf, die beiseitegeschoben und oft noch dekorativ verknotet die Gestalt des Dargestellten umgeben. Diese Vorhänge entstammen dem byzantinischen

Hofzeremoniell, wie Konstantin es pflegte. Schon die Vorgänger dieses Kaisers entsprachen nicht mehr dem Vorbild des augustäischen, letztlich republikanischen Prinzipats, sondern hatten den Regierungsstil und das Selbstverständnis der orientalischen Großkönige angenommen – der Princeps war zum Basileus geworden.

Zu den Zeremonien, mit denen der Kaiser sich umgab, gehörte als die wichtigste die kaiserliche „Epiphanie" – die Erscheinung des Kaisers in seinem Herrschaftsglanz vor dem Hof. Der Kaiser und seine Familie versammelten sich in edelsteingeschmückten Ornaten hinter einem Vorhang; der Hof stand in Erwartung in der Palastaula. Wenn der Vohang sich öffnete und den Blick auf den Kaiser freigab, sank der Hof in die Proskynese.

Die Assoziation einer solchen Szene mit dem Bild des geöffneten Tabernakels, dessen Vorhänge beiseitegeschoben sind, dem das Ziborium entnommen und von dem Ziboriumsvelum befreit ist, und der davor auf Knien anbetenden Gemeinde ergibt sich von selbst – hier haben wir tatsächlich den Keim, aus dem sich die kniende Verehrung in der Liturgie entwickelt hat.

Für den aufgeklärten Demokraten wird dieser Ursprung der kniefälligen Verehrung in der Messe aus dem spätantiken Kaiserkult die Bestätigung für eine noch entschiedenere Ablehnung des Kniens sein. Darüber ließe sich sogar streiten, wenn diese Übernahme des Epiphanie-Zeremoniells in die Liturgie eine pomphafte Aufblähung der Liturgie darstellte, die ihrem Wesen nicht entsprach. Statt dessen ist es genau umgekehrt: Konstantin und die Bischöfe seiner Zeit haben das Zeremoniell der Epiphanie der Liturgie hinzugefügt, weil sie wußten, daß die gesamte Liturgie die Epiphanie Christi ist. In den strengverschlossenen Kammern der Urkirche hatten das Geheimnis des Ortes, die Gefahr der Zusammenkunft und die Einweihung der Feiernden das Velum dargestellt, hinter dem sich Christus verbarg, bis der eucharistische Augenblick seiner Erscheinung gekommen war. In den Basiliken der in die Öffentlichkeit getretenen Kirche mußte die Liturgie zu deutlicheren Zeichen finden, um das Mysterium den Gläubigen von Stufe zu Stufe der Vollendung entgegenzubringen – von der Epiphanie des göttlichen Wortes zur Enthüllung der heiligen Gefäße und schließlich zur körperlichen Gegenwart. Wer diesem Vorgang hingegeben folgt und in Erwartung auf den Augenblick der Christus-Erscheinung lebt, der wird im glücklichsten Fall wie eine der Gestalten des Neuen Testaments, gleichsam unwillkürlich, von der Glaubenseinsicht überwältigt, knien können.

Und wenn wie in den sehr alten oder in den allzu neuen Kirchen die Kniebänke fehlen, dann wird der Kniende womöglich auch noch besser erfahren, was er da tut. Es gibt schöne alte Gestühle, die ein Schmuck des Kirchenraums sind, aber es sei nicht verhohlen, daß das Devotionsmobiliar als solches doch etwas sehr Bürgerliches an sich hat – der bedeutsame Akt eines Kniefalls wird in der womöglich noch bequem angeschrägten, gepolsterten Kniebank fast zu einer anderen Art des Sitzens. Daß eine Kirche keine Kniebänke hat, ist jedenfalls kein Anlaß, nicht zu knien. Als der Blindgeborene vor Jesus niederfiel, stand auch kein Prie-Dieu in der Nähe. Die pädagogische Absicht bei der Entfernung der Kniebänke wird nicht entschuldigt, aber sie könnte als Chance begriffen werden, dem Knien vor dem fleischgewordenen Wort eine neue Ursprünglichkeit zu geben.

Wann kniet man in der heiligen Messe? Aus den vorangehenden Überlegungen ergibt sich ganz klar: die Kniebeuge und das Knien bezeichnen und begleiten die Augenblicke der göttlichen Epiphanie innerhalb der Liturgie. Beim Eintreten in den heiligen Raum, beim Betreten der Kirche, kniet der Gläubige nieder wie Moses, der aus dem Dornbusch heraus die Stimme vernimmt, die ihn mahnt, die Schuhe auszuziehen, weil er sich auf heiligem Boden befinde. Wenn im Credo und im Schlußevangelium, dem Prolog des Johannes-Evangeliums, der Inkarnation gedacht wird, dieser Sichtbarwerdung Gottes, werden diese Worte auf Knien gesprochen. Nach dem Aussprechen der Wandlungsworte verehrt der Priester mit einem Kniefall die heiligen Opfergaben und die Gemeinde folgt ihm. Die Ausstellung des Opferleibs vor der Kommunion geschieht vor der knienden Gemeinde, die Kommunion wird auf Knien empfangen. Der priesterliche Segen schließlich wird zum Ausdruck dafür, daß er himmlischer Segen ist, der „von oben" kommt, auf Knien entgegengenommen.

Das sind die Ereignisse der Liturgie, die mit dem Knien verbunden sind – alle beziehen sich auf die besonderen Augenblicke göttlicher Gegenwart. Alle anderen Teile der Liturgie werden stehend gefeiert: der Einzug des Priesters, das Staffelgebet, das Kyrie, das Gloria, das Kirchengebet – bei der Lesung wird gesessen – , das Alleluja, das Evangelium, das Credo, das Offertorium, die Präfation, das Sanctus, nach dem Kanon dann das Pater noster, das Agnus Dei, nach dem Kommunionempfang die Postcommunio und nach dem Segen das Schlußevangelium. Wer die heilige Messe als heiliges Drama Schritt für Schritt mitfeiern will und die einzelnen Teile in der ihnen zugewiesenen Körpersprache ausdrücken möchte, sollte diese Ordnung berücksichtigen. Sie ist, wie viele Regeln der Liturgie, in Vergessenheit geraten. Fromme Volksbräuche haben den besonderen Ausdruck des Kniens als der Verehrung der göttlichen Epiphanie dadurch verdeckt, daß sie den Kontrast zwischen Stehen und Knien haben verschwinden lassen, indem sie viele andere Teile der Liturgie gleichfalls mit dem Knien begleiteten. Für die stillen Messen hatte sich eingebürgert, sie im ganzen kniend mitzufeiern. An vielen Orten kniet die Gemeinde – hier wird immer nur von Meßfeiern im klassischen römischen Ritus gesprochen – auch während des priesterlichen Confiteors und während des Offertoriums. „Richtig" im liturgischen Sinn ist das nicht, und es lohnt sich vielleicht, in einer Zeit neuer geistiger Durchdringung der alten liturgischen Gebetsordnung auch den besonderen Sinn und Ausdruck, die eigentliche liturgische Funktion des Kniens wieder ins Bewußtsein zu rufen.

Ein mögliches Mißverständnis, das diese Erinnerung an die den einzelnen Gebeten entsprechenden Körperhaltungen hervorrufen könnte, sei jedoch gleich ausgeräumt. Die vielberufene „tätige Teilnahme" der Gemeinde an der Feier der heiligen Messe wird in der Tradition der katholischen Kirche keineswegs so eng definiert, wie es inzwischen üblich geworden ist. „Tätig teilnehmen" kann der Gläubige auf viele Weisen. Er kann mit dem Priester gemeinsam Schritt für Schritt auf die Höhepunkte der Geheimnisse zuschreiten und sein Beten ebenso wie die Gebete des Priesters den überlieferten Haltungen unterwerfen. Er kann aber auch das Werk Christi, das sich in der heiligen Messe vollzieht, einfach betrachten, womöglich sogar, ohne die Gebete der Liturgie im einzelnen mitzubeten, sondern das sich vor seinen Augen entfaltende Wunder in Einsamkeit stumm anbeten. Es gehört zu den großen Paradoxa der heiligen Messe, daß sie in ihrer liturgischen Strenge das unliturgische, das radikal persönliche betrachtende Gebet in besonderer Weise möglich macht. Ja, es ist „falsch", während der ganzen heiligen Messe zu knien, oder während des Gloria oder des Offertoriums zu knien, aber niemand darf daran gehindert werden. In diesem „privaten" Knien liegt kein Verlassen der Gemeinde und ihrer Gemeinschaftlichkeit, zu dem die Liturgie gerade einlädt – hier sprudelt eine der Quellen, die die geistliche Überlegenheit des klassischen Ritus ausmachen.

II

Meine Ausführungen über das Knien während der Liturgie haben gezeigt, daß die Feiernden durch den Kniefall die Epiphanie Jesu Christi ehren, alle Augenblicke also, in denen seiner körperlichen Gegenwart gedacht wird oder die von eben dieser Gegenwart erfüllt sind. In allen anderen Teilen der heiligen Messe wird nach ältestem Herkommen gestanden. Dieses Stehen, das für eine Reihe von Gebeten ausdrücklich vorgeschrieben ist – für Gloria, Credo und Pater noster, aber auch für den „Engel des Herrn", das Magnificat und die Marianischen Antiphonen – ist für uns heute vielfach in seiner Qualität als sakrale Haltung nur noch schwer zugänglich. Das Stehen als Form, als bewußter Akt, kommt in unserem Leben nur noch allzu selten vor, und die liturgischen Ehrfurchtsformen leben in ihrer Herkunft genauso wie die heiligen Substanzen Brot und Wein von der innigen Verbindung mit dem alltäglichen Leben – die Sakramente sind Akte der Fleischwerdung und damit immer neue Eintritte des Schöpfers in die von ihm geschaffene Welt. Die Formlosigkeit unserer Welt hat die zahlreichen Entsprechungen zwischen Liturgie und alltäglichem Leben aufgehoben oder jedenfalls doch weniger sichtbar werden lassen.

Die formloseste Weise, sich festlich zu versammeln (von Festlichkeit bleibt da keine Spur) ist der Stehempfang, der von fern betrachtet wie eine Gruppe aussieht, die so lange auf den Omnibus wartet, daß man ins Gespräch gekommen ist. Bei Konzerten allseits gefeierter Künstler kann man noch „standing ovations" erleben, das gemeinsame Aufstehen des Publikums bei der Rückkehr des Meisters aufs Podium. Ansonsten steht man, weil nicht genügend Sitzplätze da sind. Kein archäologisches Argument kann es herbeireden: Das Stehen, das in der frühen Christenheit als die hauptsächliche Gebetshaltung verbürgt ist, hat für unsere Empfindung diesen Charakter verloren, oder er ist uns jedenfalls nicht unmittelbar einleuchtend. Wenn man älter wird, kann das lange Stehen Schmerzen verursachen, die das Gebet zumindest beeinträchtigen. Da scheint geradezu das asiatische meditative Sitzen dem Gebet noch eher entgegenzukommen.

Heiliges Stehen – um dafür innere Bilder zu entwickeln muß man in die Frühzeit der christlichen Kunst zurückblicken. Aber Rückblicke sind für Christen ja niemals mit einem Stochern und Wühlen in uralten, staubigen Kästen verbunden, sondern vergleichbar dem Blick aus der Nacht der Zeitenhöhle einen langen Schacht entlang bis zu dessen Ende, wo in weiter Ferne strahlendes Sonnenlicht als Pünktchen zu ahnen ist. In den goldenen Mosaikkuppeln von Byzanz ist der thronende Christus Pantokrator von stehenden Gestalten umgeben, den Engeln und Heiligen. Sie umstehen Christus als Garde und Gefolge. Er kommt wieder und wird von dem Heer der Erlösten umstanden, die Waffen tragen, wie es manche Engel auch tun, oder Bücher, in denen sich das Geheimnis der Gegenwart in die Sprache hineinentfaltet. Wenn man unter dem Beten nur das Sprechen zu Gott versteht, dann beten diese Gestalten nicht. Sie können in diesem Augenblick auch gar nicht beten, weil das Gegenüber zu Gott aufgehoben ist; diese Stehenden sind gleichsam auf die göttliche Seite hinübergewechselt, sie sind zu Organen Gottes geworden, sie feiern und erhöhen und bestätigen seine Erscheinung, und sie leuchten wie Planeten, die von der Sonne ihr Licht empfangen.

Das nächste Bild ist kein künstlerisch vorgestelltes, sondern ein geschichtliches: das Stehen der Frauen und des Apostels Johannes unter dem Kreuz. Dieses Stehen war gewiß von Gebeten begleitet, aber es gab in diesem einzigartigen Augenblick, dem Wendepunkt der Weltgeschichte, für diese unter dem Kreuz stehenden Menschen noch etwas Wichtigeres als das Beten: nämlich mit Augen und Ohren am Gekreuzigten zu hängen, um sich keine Regung des Sterbenden entgehen zu lassen. So konnten Jesu Worte vor seinem Tod zu uns gelangen. Das Stehen unter dem Kreuz war mehr als ein bloßes Warten; wir sehen diese Stehenden gutmachen, was die Jünger im Garten Gethsemane verschlafen haben. „Beistehen" heißt helfen. Für Hilfe war es hier freilich zu spät. Aber diese Wachheit der Zeugenschaft hat doch etwas nicht ganz Passives. Die unter dem Kreuz Stehenden zeigten mit ihrer Haltung, daß sie die letzten Lebensmomente Jesu mit ihm durchleben und mit ihm durchsterben wollten. Auch sie waren, wie es oben hieß, auf die göttliche Seite hinübergewechselt.

Eine noch weiter in die Vergangenheit zurückführende Sonde eröffnet schließlich das Bild der Söhne Israels, die in der Nacht vor dem Auszug aus Ägypten jenes seltsame Mahl aus frischgeschlachteten Lämmern und Lattich aßen, nachdem sie die Türpfosten ihrer Häuser mit dem frischen Blut bestrichen hatten. Etwas Unheimliches liegt über der Szenerie dieser Menschen, die die Tische umstehen und mit „gegürteten Lenden", zum Abmarsch bereit, schweigend ihr Opfermahl halten, während draußen der Würgeengel die ägyptischen Erstgeborenen tötet. Auch dieses Stehen ist nicht eigentlich Beten, sondern mit geschäftigem Tun, dem Auseinanderreißen des Tieres verbunden. Die Stehenden vollziehen ein göttliches Gebot, das ihnen ein bedingungsloses Bereitsein befiehlt. Während an den Ägyptern durch Gott Entsetzliches geschieht, stehen die Auserwählten auf dem Sprung, Gottes Werk, so wie er es gebietet, fortzusetzen, sobald das Zeichen gegeben wird. So fern uns Christen dieses Exodus-Mahl auch sein mag, oder besser, wie fern uns dies Mahl durch Christus auch geworden ist, so bedeutsam war es, daß die frühen Christen dieses Mahl wie Jesus selbst in einer Verbindung mit dem schrecklichen Rache- und Opfermahl des Exodus gesehen haben. Jesus war jetzt das geschlachtete Lamm, und deshalb wurde es stehend gegessen. Man stellte eben nicht einfach das Letzte Abendmahl nach, bei dem Jesus und die Jünger zu Tische lagen, sondern trug dem Opfercharakter dieses Mahles Rechnung, indem man es mit den Riten des Exodus verband.

Alle diese Arten des Stehens und die damit verbundenen geistigen und seelischen Zustände sind gemeint, wenn es heißt, der in der Liturgie stehend betende Christ feiere in dieser Haltung den Auferstandenen. Nun, körperliche Haltungen kann man anordnen, geistige hingegen nicht ganz so leicht. Wir erleben in unserer Zeit die genaue Verkehrung der Zeichen und ihrer Bedeutungen. Wenn die frühen Christen durch ihr liturgisches Stehen ausdrückten, daß sie ein Opfermahl feierten, wollen die gegenwärtigen damit häufig zeigen, daß sie gerade nicht an einem Opfer teilnehmen. Das Knien spricht eine unmißverständliche Sprache, das Stehen nicht. Gegenüber dem Knien wird es heute als ein Minus an Ehrfurcht empfunden. Das liegt an der Entwicklung der profanen Geschichte und ihren Umwälzungen. Es liegt auch an den in Deutschland üblichen wuchtigen Kirchenbänken, in denen ein Stehender immer wie ein vom Lehrer aufgerufenes Schulkind aussieht, das etwas aufsagen soll. Die Bänke sind im Grunde etwas Protestantisches, zum Anhören stundenlanger Predigten geschaffen. Für Kirchenneubauten sollte man vielleicht einmal erwägen, das Vorbild der romanischen Länder mit ihren leichten Strohstühlchen zu studieren, die mit einer Handbewegung in eine Kniebank verwandelt sind. Was liturgisches Stehen ist, werden wir uns wahrscheinlich nur durch große Anstrengungen zurückerobern können, in Kirchenräumen, die dieser Haltung entgegenkommen, und mit dem Bild der den Herrn umstehenden Engel und Heiligen im Herzen.

III

„Procedamus in pace!"

Wie das Stehen und das Knien hat auch das Gehen seinen besonderen liturgischen Ausdruck. Die Verbindung von Gehen und Beten ist uralt. Schon die alttestamentlichen Juden empfanden das vierzigjährige Irren durch die Wüste, bei dem die Bundeslade mitgetragen wurde, in der Erinnerung als großen vorbereitenden Bußgang. Die Übertragung der Bundeslade in den Tempel von Jerusalem geschah in einer Prozession, der König David vorantanzte, und die nachbabylonischen Juden, die von fern zum Berg Zion wallfahrteten, sahen den Aufstieg zum heiligen Berg als Gebetsgang, wie viele Psalmen bezeugen. Denken wir aber auch an die großen Prozessionen der Heiden, an die Panathenäen, die gleichfalls einen heiligen Berg hinanführten und das Bild der Göttin begleiteten. Die Bewegung der Seele zu Gott hin läßt sich im Gehen besonders deutlich ausdrücken und für den Andächtigen selbst sichtbar machen; was sonst ein bloßer Gedankenakt oder Gefühlszustand bliebe, wird im Voranschreiten gleichsam zu etwas Objektivem.

In der römischen Liturgie hat die Prozession ursprünglich dasselbe Gewicht wie in der griechischen, obwohl im fortschreitenden Rationalisieren und Intellektualisieren der westlichen Liturgie dieses Element dann zurückgedrängt worden ist. Für die frühen Christen begann jede Messe mit einer Prozession. Die heidnischen und jüdischen Prozessionsvorbilder wurden für die Christen durch die beiden großen Prozessionen des Neuen Testaments mit einer neuen Bedeutung erfüllt: den Einzug Christi in Jerusalem am Palmsonntag und die Via Dolorosa am Karfreitag. Beide Züge, der ruhmreiche und der schmerzensreiche, formen sich um Christus herum; sie sind Geleitzüge Christi, die ein Bekenntnis zu seiner gott-menschlichen Gegenwart darstellen. Wie heute noch den Meßbüchern zu entnehmen, versammelte sich die Gemeinde von Rom vor jeder Messe an einer bestimmten Kirche, um von dort zu der Kirche zu ziehen, die der Ort der jeweiligen Liturgie war. In den französischen Benediktinerklöstern, die dem alten Ritus treu geblieben sind, beginnt jede Sonntags- und Festmesse mit einer solchen Prozession durch den Kreuzgang. Es gibt eigene Hymnen für diese Prozessionen, die in dem „Processionale", herausgegeben von der Abtei Solesmes, zu finden sind. Erneut ist festzustellen, daß die Meßreformer mit ihrem Blick auf die christliche Frühzeit immer nur eine Verarmung und Reduktion, einen spätkatholischen Puritanismus zum Ziel hatten, anstatt den Reichtum der Anbetungsformen des ersten Jahrtausends aufzugreifen.

Dafür sollten aber die Kreise der katholischen Tradition sich einmal mit diesem „Processionale" beschäftigen. Die räumlichen Gegebenheiten werden eine Prozession zu Beginn der Messe an vielen Orten nicht zulassen, an manchen aber vielleicht doch. Die Erfahrung des langsamen Gehens zu den gregorianischen Hymnen erschließt einen neuartigen Raum der Andacht. Eine gregorianische Hymne ist eben nicht im Marschrhythmus geschrieben wie „Ein Haus voll Glorie schauet". Das Beten muß immer ein höchst persönlicher Akt sein, um irgendeine Bedeutung zu besitzen, und der gregorianische Choral erzwingt nicht nur nicht, er verhindert sogar den Gleichschritt der Füße und Gedanken.

Der anwesende Christus dieser Prozession ist der von Weihrauch und Kerzen – den liturgischen Hoheitszeichen, wie man in Anwendung eines staatsrechtlichen Begriffs sagen könnte – begleitete Priester, der in Jerusalem, repräsentiert durch den einzelnen Kirchenbau, einzieht, um dort das Opfer von Golgatha zu vollziehen. Er wird beim Betreten der Kirche vom Introitus-Psalm empfangen. Der Introitus-Psalm ist reiner Prozessionsgesang; er sollte den Einzug des Priesters begleiten, obwohl der Priester die entsprechenden Verse erst nach dem Stufengebet leise betet.

Die nächste Prozession der Messe ist die Evangelienprozession. Sie ist von den Prozessionsgesängen des Graduale und des Alleluja begleitet. Wenn der Diakon, in der Grundform der Messe, das Evangelium vorträgt, ist diese Prozession noch sichtbar. Aber auch die Übertragung des Meßbuches von der Epistel- auf die Evangelienseite in der nur von einem Priester gelesenen Messe muß als Prozession verstanden werden, die von Kerzen und Weihrauch begleitet wird. Die Evangelienlesung ist eben viel mehr als Verkündigung, sie ist ein Gegenwärtigwerden Christi und wurde von der Kirche immer auch als Segen, als sündenvergebendes Sakramentale verstanden, wie es das dem „Misereatur" nach dem „Confiteor" vergleichbare „Per evangelica dicta deleantur nostra delicta" bestätigt. Dieser sakramentale, tätig sündenvergebende Charakter des Evangeliums ist wohl das entscheidende Argument für seine Verlesung in der sakralen Sprache. Die liturgischen Zeichen der Prozession machen diesen Charakter besonders deutlich.

Von der Prozession des Offertoriums sind im klassischen Ritus leider nur Rudimente übriggeblieben, mit den traurigen Folgen, das Offertorium immer mehr in seiner Bedeutung zu verkennen. Um zu verstehen, was das Offertorium wirklich ist, müssen wir zur byzantinischen Kirche hinübersehen. Zum Offertorium trägt dort der Diakon die verhüllten Gaben, von Weihrauch und Kerzen begleitet, durch die Kirche, während sich die Gläubigen tief verneigen oder gar auf den Boden werfen. In der Enthüllung der Gaben wird der schreckenerregende Augenblick erkannt, in dem Christus seiner Kleider beraubt wurde. Die Ostkirche begreift die ganze Liturgie als ununterbrochene Folge von Vergegenwärtigungen Christi – mit dem Höhepunkt der Wandlung. Die westliche Argumentation, das noch nicht gewandelte, aber zur Wandlung bestimmte Brot sei nicht verehrungswürdig, klingt für Orthodoxe, als sei der noch nicht geopferte Christus nicht verehrungswürdig gewesen. Immerhin – auch in der römischen Liturgie bringt der Subdiakon die Gaben verhüllt zum Altar, wenngleich er für diesen Gang den kürzesten Weg von der Kredenz zum Altar wählt und nicht von Kerzen und Weihrauch begleitet ist. Der Offertoriumspsalm deutet an, daß hier einstmals eine Prozession stattgefunden hat. An manchen Orten mag es möglich sein, die Kredenz vom Altar so weit entfernt aufzustellen, daß aus diesem Weg des Subdiakons doch wieder die Andeutung einer Prozession werden kann. Bei Kirchenneubauten sollte darauf geachtet werden, den Raum nicht allzu sehr zu möblieren und Prozessionswege freizuhalten.

Die letzte Prozession der Messe – vom Auszug des Priesters abgesehen, der ja den eigentlichen Augenblick des Schlußsegens oder vielmehr der zahlreichen Segnungen darstellt, die im Gehen gespendet wurden – ist die Kommunionsprozession, die vermutlich selten noch so erlebt wird. Der Communio-Psalm soll diesen Zug der Gläubigen zum Empfang der Hostie begleiten, die sich dem von Kerzen umgebenen gegenwärtigen Christus entgegenbewegen. Die tridentinischen Rubriken verlegen die Verlesung des Communiopsalms durch den Priester nach der Kommunion und der Ablution der Kelche, aber man wird den Geist dieser Rubriken gewiß nicht beleidigen, wenn die Schola den Communio-Psalm, wie es vorgesehen ist, während der Gläubigenkommunion singt und damit dem langsamen Voranrücken der Empfangenden die Würde eines großen Gebets verleiht.

Wenn man die Liturgie als Folge von Prozessionen begreift, dann wird das vielfach mißverstandene Wort des hl. Pius X. von der „tätigen Teilnahme" der Gläubigen an der Liturgie plötzlich ganz leicht verständlich. Mehr Tätigkeit als hinter Christus her und auf ihn zuzugehen ist nicht vorstellbar. Und während einer Prozession scheint es, als sei das einfach.

Statio

Vor dem Betreten der Kathedrale

Für den modernen Menschen ist die Genealogie Jesu, wie sie in den ersten sechzehn Versen des Matthäus-Evangeliums aufgezeichnet ist, im besten Fall ein absurdes Lautgedicht. Die lange Reihe der alttestamentlichen Namen in gräzisierter oder latinisierter Fassung hat etwas vom Zauberspruch, auch vom Grotesk-Komischen. Eine Vielzahl von Zwergen mit wunderlichen Knebelbärten und gezackten, gehörnten und verdrehten Mützen verbindet sich da mit Hilfe ihrer Zeugeglieder zu einer Menschenarchitektur, einem artistischen Menschenturm. An den Toren gotischer Kathedralen bilden die ehrwürdigen Ahnen, einer auf dem Kopf des anderen stehend, Spitzbogenportale. Auf Wandbildern liegt Jesse schlafend mit geschlitzten Pluderhosen auf einem Rasenhügel, während aus seinen Lenden eine Schlingpflanze von Baumeshöhe hervorkriecht, aus deren gekräuseltem Laub sorgenvolle alte Männlein hervorsehen, alle miteinander verbunden, alle auf flatternden Bändern mit ihren fremdartigen Namen bezeichnet. David und Salomon, Jakob und Joseph ragen als die einzigen vertrauten Inseln zwischen Phares und Aminadab, Roboam und Asa, Josaphat und Jonatham, Ezechias, Jechonias, Salathiel und Zorobsbel hervor.

Die Genealogie Jesu ist das Evangelium des Festes Mariä Namen am 8.September; ein zweites Mal wird es am Fest des heiligen Joachim, des Vaters der Maria, der in der Genealogie überhaupt nicht genannt wird, am 16.August gelesen. An beiden Festen kann es noch sommerlich heiß sein. Dann rinnt dem Diakon in der schweren goldbestickten Dalmatika, der die Genealogie, umstanden von Kerzenträgern und Rauchfaßschwenkern, singend vorträgt, der Schweiß in das weiße Leintuch, das sich ihm um den Hals herum bauscht. „Abraham autem genuit Isaac, Isaac autem genuit Jacob, Jacob autem genuit Judam et fratres eius,..." So geht das von Abraham bis David in vierzehn Generationen, von David bis zur babylonischen Gefangenschaft in weiteren vierzehn Generationen und von Babylon bis zur Geburt Jesu Christi nochmals in vierzehn Generationen.

Ist dies eigentlich ein Stück der christlichen Verkündigung? Ist diese Genealogie mit ihren drei Vierzehner-Gruppen in ihrer offensichtlichen Stilisierung nicht nur ein archaisches Ritual? Der Stammbaum Jesu, den Matthäus hier um drei Könige verkürzt darstellt, um den Vierzehner-Rhythmus wahren zu können, formt gleichsam in Großbuchstaben dreimal den Namen David, denn die Vierzehn repräsentiert den Zahlenwert jener drei hebräischen Konsonanten, die den Namen David bilden. Jesus Christus ist der „Sohn.Davids", das will dieser Stammbaum beweisen. Er ist der, von dem Isaias eigentümlich drohend sagt: „Höret also, Haus David: Ist es euch zu wenig, Menschen eine Last zu sein, daß ihr nun zur Last fallt meinem Gott? Deshalb wird euch der Herr selbst ein Zeichen geben. Seht, eine Jungfrau wird empfangen und einen Sohn gebären und sein Name wird sein Emanuel."

Daß Abstammung ein Beweis für Erwählung, für Legitimität, für den Anspruch auf die Herrschaft sein könnte, haben die westlich geprägten Länder, nachdem sie Jahrtausende alle öffentlichen und privaten Rechtsverhältnisse unter dem Prinzip der Abstammung betrachtet haben, gründlich vergessen. Die Feierlichkeit, mit der noch zu Beginn unseres Jahrhunderts vom „angestammten Herrscherhaus" gesprochen wurde, gilt heute dem „gewählten Parlament" oder dem „gewählten Präsidenten". Und doch reicht die Zeit, in der der Stammbaum Davids weitergeführt wurde, bis in unsere jüngste Vergangenheit. Kaiser Haile Selassie von Äthiopien führte die Titel „König von Sion" und „Löwe von

Juda"; in seiner Familie hielt sich seit dreitausend Jahren das Gerücht, sie stamme von König Salomon und der Königin von Saba ab, um die Formulierung aufzugreifen, mit der ein Fürst Massimo gegenüber Napoléon seine Herkunft von Quintus Fabius Maximus Cunctator charakterisierte. Bis zum Sturz des Kaisers im Jahre 1974 sangen die Kirchensänger seinen Stammbaum, den sie in Abteilungen von je sieben Generationen einteilten, und alle Kinder des äthiopischen „Hauses David" lernten die letzten sieben Generationen ihres Stammbaumes auswendig und sagten sie bei feierlichen Gelegenheiten auf. Wie bei Matthäus wurden immer nur die Väter und Söhne genannt, und wie bei Matthäus tauchten in der langen Reihe dann doch immer wieder weibliche Namen auf, wenn etwas besonders Wichtiges mit diesen Stammüttern verbunden war.

Der unbefangene Leser des Stammbaums Jesu stutzt, wenn er an dessen Ende gelangt. Die Abkunft Jesu von König David soll bewiesen werden, faktisch und mit den Mitteln der Zahlensymbolik. Neununddreißigmal folgt „genuit", „erzeugte", denn der Stammbaumautor scheut keine Monotonie, wenn es gilt, genau zu sein, aber als es darum geht, den Schluß aus der langen Abfolge zu ziehen, ist vom „Zeugen" plötzlich nicht mehr die Rede. Es heißt noch: „Jacob aber zeugte den Joseph, den Mann der Maria", aber dann geht es weiter: „von der ist geboren Jesus, der Christus heißt." Nach Matthäus zeugte Joseph den Jesus also nicht. Eine große Genealogie wird ausgebreitet, um darzulegen, daß sie gerade nicht die Abstammung Jesu ist. Sollte tatsächlich eher der Kaiser Haile Selassie ein „Sohn Davids" gewesen sein als Jesus?

Das frühe Christentum hat die Schwierigkeit dieser Schriftstelle offenbar erkannt. Schon im zweiten Jahrhundert erklärte der heilige Justinus, auch Maria stamme aus dem Haus David. Das „Protoevangelium des Heiligen Jakobus", ein gleichfalls sehr früher Text, bestätigt diese Herkunft Mariens. Die gesamte christliche Tradition hat diese Auffassung übernommen. Auch die christliche Kunst sieht Maria vielfach als „Tochter Davids". Auf manchen „Wurzel Jesse" – Bildern steht Maria am Ende der Geschlechterkette, der problematische Joseph ist ganz weggefallen. Auch die ungesicherten Traditionen hat die Kirche nie einfach weggeschoben. Sie ließ da immer vieles gelten, gerade in dem Bewußtsein, daß auch die kanonischen Evangelien schließlich Früchte der Tradition sind. Es sei jüdischer Brauch gewesen, vorzugsweise in der nächsten Verwandtschaft zu heiraten. Maria mag eine Cousine des Joseph gewesen sein. So kann man sich den rätselhaften Schluß des Stammbaums Jesu mit gutem Recht ergänzen und erklären. Dann liest man noch einmal Matthäus 1,16: „...Joseph, der Mann der Maria, aus der Jesus geboren ist...", und ein Zweifel meldet sich: Ist die Erklärung der Tradition nicht allzu perfekt, allzu glatt, allzu beschwichtigend?

In einem Stammbaum, der dem Grundsatz folgt, nur die männliche Linie zu verfolgen, muß jede Ausnahme von dieser Regel aufmerksam machen, erst recht, wenn er, wie der Stammbaum Jesu, auf Maria zuzulaufen scheint, ohne sie andererseits überzeugend einzubinden. Aber auch die anderen Frauen im Stammbaum Jesu geben Rätsel auf. Was macht sie so bedeutend, daß um ihretwillen der patriarchalische Grundsatz gesprengt wird? Frommen Exegeten bereiten sie Verlegenheit. Nicht alle von ihnen haben sich musterhaft betragen, alle aber höchst sonderbar.

Da ist zunächst Thamar, die Kanaaniterin. Sie wird Schwiegertochter des Juda, eines der zwölf Söhne des Patriarchen Jakob. Bevor sie schwanger wird, tötet Jahve ihren Mann, der „böse in den Augen des Herrn war". Im Buch Deuteronomium ist für den Fall einer solchen kinderlosen Witwenschaft das Gesetz des „Levirates" vorgesehen: Ein Bruder des Toten muß die Witwe heiraten. Zeugt er mit ihr einen Sohn, so gilt dieses Kind als Nachkomme und Erbe des Toten, damit „dessen Name in Israel nicht ausgelöscht wird". In Thamars Fall heißt dieser Schwager Onan. Auf Befehl seines Vaters Juda heiratet er Thamar. „Und er wußte, daß die Söhne nicht ihm geboren würden; und wenn er nun zu dem Weibe seines Bruders ging, goß er den Samen auf die Erde, damit nicht Kinder in seines Bruders Namen geboren würden." Gott bestraft dies Verhalten mit dem Tod, und Thamar ist wiederum Witwe. Judas letzter Sohn, Sela, ist noch zu jung für das Levirat, aber der Vater scheint auch gefürchtet zu haben, daß ein Fluch auf jeder Verbindung mit Thamar liege und sucht Ausflüchte, um diese dritte Ehe zu vermeiden. Da legt Thamar ihre Witwentracht ab, verkleidet sich als Hure und setzt sich an den Straßenrand, offenbar in der Gewißheit, daß Juda eine solche Gelegenheit niemals auslassen würde. Und tatsächlich listet sie ihrem Schwiegervater Zwillinge ab. Juda muß zugeben: „Sie ist gerechter als ich, denn ich habe sie meinem Sohn Sela nicht gegeben."

Thamar aber wird mit ihrem von ihrem Schwiegervater gezeugten Sohn Phares zu einer Vorfahrin von König David. Sechs Generationen später begegnet man der Rahab, einer nicht bloß scheinbaren, sondern wirklichen Hure aus Jericho. Ihr Eintritt in das Haus David ist im Buch Jona beschrieben. Josua sendet zwei Kundschafter in die feindliche Stadt Jericho. Die beiden verstecken sich bei Rahab auf der Terasse ihres an der Stadtmauer gelegenen Hauses unter Bündeln von Hanfstengeln. Rahab ist von der Allmacht Jahves überzeugt: „Der Herr, euer Gott, ist der Gott im Himmel oben und auf Erden unten." Sie läßt die Kundschafter in einem Korb die Stadtmauer hinab und zeigt ihnen den Fluchtweg. Dafür schwören ihr die Spione, daß sie und ihre ganze Familie bei der Eroberung von Jericho verschont werden sollten; ein rotes Band soll ihr Haus kennzeichnen.

Und als schließlich die Mauern Jerichos unter dem Trompetenschall und dem Geschrei der jüdischen Heerscharen in sich zusammenfallen, erinnert Josua an den Schwur der Kundschafter. Rahab und ihre Verwandtschaft werden gerettet; „sie wohnten unter Israel bis auf den heutigen Tag". Ob Salmon, der mit Rahab den Booz zeugt, einer der Kundschafter gewesen ist, oder ob er ihr erst später begegnete, wird nicht gesagt. Seine Ehefrau ist sie mit ihrer Vorgeschichte gewiß nicht gewesen. Dennoch hat Rahab nicht nur als Stammutter Davids Ehre erworben. Paulus stellt sie im Hebräerbrief als große Glaubende vor: „Es war durch den Glauben, daß Rahab, die Hure, nicht mit den Unbelehrbaren zugrunde ging, weil sie die Kundschafter friedlich aufgenommen hatte." Für die Kirchenväter wird Rahab, die durch Glaube und Liebe ihre Familie vor dem Untergang bewahrt, sogar ein Sinnbild der Kirche. So eifrig wurde der Aufforderung entsprochen, die Heilsgeschichte in jedem Detail des Alten Testamentes aufzustöbern und wiederzufinden..

Ruth erscheint als reine Sanftheit und Demut. Sie ist Moabiterin, die Witwe des Juden Mahalon; auch ihre Schwiegermutter Noemi, die mit Elimelek verheiratet war, ist Witwe. Die beiden Frauen sind in der Kümmerlichkeit und Verlassenheit ihres Witwenstandes zu Bettlerinnen geworden. Ruth sammelt Ähren auf den Feldern eines reichen Verwandten ihres Mannes. Er heißt Booz, entdeckt die schöne und bescheidene Ährenleserin und bevorzugt sie, und so fühlt Ruth sich ermutigt, sich zu baden und zu salben und schön anzuziehen und sich dem Booz buchstäblich ins Bett zu legen. Und das geschieht in allen Ehren, denn sie fordert von ihm, als Verwandter ihres Mannes seine Leviratspflicht auszuüben. Booz verkündet alsbald am Tor von Bethlehem, „daß er Ruth, die Moabitin, das Weib Mahalons, zum Weib genommen habe, um den Namen des Verstorbenen in seinem Erbteil wiederzuerwecken, damit nicht sein Name...aus seinem Volke getilgt werde". So wird Ruth die Mutter des Obed, der der Vater des Jesse, der Großvater Davids werden wird.

Die vierte Frau im Stammbaum Jesu ist Bathseba, die mit dem hetitischen Feldhauptmann Urias verheiratet war. Die Geschichte, wie König David sich nachmittags von seinem Lager erhebt, auf der Dachterasse spazieren geht und auf einer anderen Terasse die badende Bathseba erblickt, hat der Kunst reiche Nahrung geboten, „denn das Weib war sehr schön". Umso häßlicher wurde der Urias aus der Welt geschafft; der sprichwörtliche „Urias-Brief" befahl einen sinnlosen Angriff, und der lästige Ehemann wurde unter einem großen Leichenhaufen begraben; der Tod vieler sollte den Mord an Urias, der offenbar ahnte, was geschehen war, verdecken. Es folgt Davids Reue und Verzweiflung, die bei Gott Gehör findet, denn Bathseba wird Mutter des Königs Salomon, des sagenumwobenen Tempelerbauers, des größten jüdischen Königs.

Die Ehebrecherin, die Hure und die beiden zielbewußten, aufdringlichen Witwen wurden vom Evangelisten Matthäus ausersehen, als außergewöhnliche Frauen im sonst rein männlichen Stammbaum des Erlösers zu erscheinen. Manche Kanzelredner haben eine erbauliche Erklärung für diese beunruhigende Auswahl gefunden. Der Evangelist wolle betonen, daß die Vorfahren Jesu gebrechliche, schuldige Menschen gewesen seien. Daß Jesus sich als „Arzt für die Kranken" sah, zeige sich auch daran, daß er die Nähe sündenbeladener Menschen nicht gescheut habe. Die Menschwerdung des Gottessohnes ereigne sich im Stall von Bethlehem und in einer vielfach sündig gewordenen Familie. Der Gedanke denkt sich leicht, er klingt schön christlich und gefühlvoll. Entspricht er auch der Atmosphäre des Matthäus-Evangeliums in seiner lakonischen Härte? Die Flecken auf dem Hause David waren dem jüdischen Autor dieses Evangeliums schmerzlich genug bekannt.

Was diese Familie auszeichnete, war nicht ihre Schuld, sondern die Verheißung, die ihr von Abraham her, und dann von den Propheten verdeutlicht und erneuert, zugekommen war. Jesus sollte die Erfüllung dieser Verheißung sein – aber wie war das möglich, wenn er gar nicht „Sohn Davids" war?

Was kann es bedeuten, wenn Matthäus seinen Stammbaum einerseits der Zahlenmagie unterwirft, drei Könige wegläßt und Jechonias doppelt zählt, um dreimal zum Zahlenwert des Namens David zu gelangen, und bei den Frauen dann eine derart auffällige Auswahl trifft? Ist es aus literarischen Gründen nicht geradezu zwingend, diese Frauen in Gemeinschaft mit Maria zu sehen, der letzten und unbekanntesten der Frauen, der Zeitgenossin des Matthäus, die womöglich mit Hilfe der berühmten historischen Frauennamen vorgestellt werden soll?

Die vier Frauen des Stammbaumes Jesu haben zunächst gemeinsam, daß sie keine Jüdinnen sind. Thamar und Rahab stammen sogar aus besonders übel angesehenen, ja verfluchten Völkern, den Kanaanitern und der ausgelöschten Stadt Jericho. Mit Blick auf Maria bringt diese höchst auffällige Übereinstimmung jedoch zunächst nicht weiter: Wenn sie bedeuten sollte, daß auch Maria eine Land- und Stammesfremde war, dann bleibt das Rätsel der Abkunft Jesu aus dem Stamme David ungelöst. Und was die Fremdheit, die Herkunft aus verworfenem Geschlecht, die gnädige Aufnahme in das durch die Verheißung ausgezeichnete Haus David für Maria bedeuten könnte, wenn sie Jüdin und womöglich gar Nachkommin Davids war, bleibt zunächst dunkel.

Die vier Frauen haben aber eine weitere Gemeinsamkeit, die bei der Rekapitulation ihres Schicksals vielleicht schon aufgefallen ist: Alle vier werden schwanger, aber nicht von ihrem Ehemann. Bathseba, die Mutter Salomons war das „Weib des Urias", und unter dieser

Bezeichnung, nicht unter ihrem Namen erscheint sie im Stammbaum: Dieser Punkt ist der wichtigste. Rahab ist Hure, im Alten Testament wie bei Paulus wird dieser Status betont. Thamar und Ruth hingegen führen mit List und Drängen herbei, daß ältere Verwandte ihrer toten Ehemänner auf gesetzmäßige Weise stellvertretend für die Toten Kinder zeugen. Wenn Maria den vier Frauen also gleicht, dann deshalb weil auch sie ihren Sohn nicht von ihrem Ehemann empfangen hat. Alle Nachkommen der vier Frauen, die illegitimen und die durch das Gesetz des Levirates legitimen, wurden „Söhne Abrahams" und Mitglieder des Hauses David. Mächtige Männer traten an die Stelle der Ehemänner und zeugten in ihrem Namen: der Patriarch Juda, der siegreiche Salmon, der reiche Booz, schließlich König David selbst. Ein Größerer als Joseph hat an Josephs Stelle Mariens Sohn Jesus gezeugt. Im Verhältnis zu diesem Größeren entstammte Maria aus einem verworfenen, verfluchten Geschlecht, nicht einem Volk im besonderen womöglich, sondern dem schuldbeladenen Menschengeschlecht. Seiner Natur nach ist Jesus deshalb der Sohn seines Erzeugers, nach dem heiligen Recht des Levirates aber ist er der Sohn des Joseph, Sohn und Erbe Davids.

Als neue Rahab rettet Maria ihr Volk durch den Glauben an Gottes Allmacht. Als neue Thamar überwindet sie den Niedergang und das Aussterben ihres Volkes. Ruth sagte zu Booz: „Ich habe Gnade gefunden in deinen Augen, Herr, du hast mich getröstet und zu dem Herzen deiner Magd gesprochen", und Maria sagt als neue Ruth im Lukas-Evangelium: „Meine Seele preist den Herrn, und mein Geist frohlockt in Gott, meinem Heiland, denn er hat die Niedrigkeit seiner Magd angesehen." Als neue Bathseba bringt sie einen neuen Salomon zur Welt, der, wie der alte, Richter ist, aber Weltenrichter.

Wenn man sich die vier Frauen des Stammbaumes

Jesu als romanische oder gotische Statuen vorstellt, müßten sie eigentlich Schlüssel an ihren Gürteln tragen, denn sie sind es, die diesen Stammbaum in seiner zeremoniellen Erstarrung aufschließen. Aus einem genealogischen Register, dessen Widersprüche wie die Mogelei eines Patience-Spielers wirken, machen sie eine lebendige Botschaft. Wer weiterliest und von Josephs Zweifel erfährt, als er feststellt, daß seine Braut schwanger ist, weiß schon, was Joseph erst von einem Engel hören muß. In seiner indirekten Weise ist der Stammbaum Jesu bei Matthäus der ausführlichste Text über Maria, der sich in den Evangelien finden läßt. Mit dem archaischen Mittel eines Geschlechterverzeichnisses drückt Matthäus etwas Neuartiges aus. Er bedient sich dazu keiner theologischen Doktrin und keiner Philosophie.

„Am Anfang war das Wort", beginnt das Johannes-Evangelium. Am Anfang war bei Matthäus eine Kette von Menschen, die sich im Dunkel der Vergangenheit verliert. Aber in dieser langen Menschenkette wirkt etwas Unsichtbares, das der bloß biologischen Aufeinanderfolge eine Richtung gibt, etwas Nach-vorn-Drängendes. Dies Unsichtbare und seine Wirkung läßt sich nur an Menschen, beim Blick in Menschengesichter ablesen. Die Geschichte mit ihren Abstraktionen verkörpert sich in Gestalten. In diesen Gestalten bündeln sich Bedeutungen, die von weiteren Gestalten erhellt werden. Statt einer Folge von Lehrsätzen tritt eine Folge von Menschen vor den Leser. So eröffnet eine Reihe von Inkarnationen bei Matthäus den Bericht von der Fleischwerdung des Wortes.

Die Prozession aus der Schiebetür

Passage aus dem Roman „EINE LANGE NACHT"

> „Und hör nicht darauf, was der Priester sagt, wenn er deutsch redet. Er ist für die Messe unentbehrlich, aber er selbst weiß nicht, worin seine Unentbehrlichkeit besteht."
>
> Aus: Eine lange Nacht, 5. Kapitel

... Es war hell, als er das Hotel betrat. In der Pförtnerloge saß eine verhärmte Frau, die ihn mißtrauisch ansah. Herr Drais sei schon hinaufgegangen; das war das erstemal, daß jemand von Hermann als „Herrn Drais" sprach. Der Bau stammte aus den fünfziger Jahren, als in Frankfurt in öffentlichen Gebäuden alle Böden mit Solnhofener Platten ausgelegt wurden. Aus der Restaurantküche drang Suppengeruch. Das Hotel lag am Rand eines Bordellviertels, aber die verspätete Modernität, die es mit vielen neueren kirchlichen Gebäuden gemeinsam hatte, ließ in fader Solidität die Umgebung vergessen.

Die Kapelle war klein und nüchtern wie die Hotelhalle. In eine graue Betonwand waren runde Fenster aus buntem Glas eingelassen. Die Bänke waren aus gelbem Birkenholz, über dem Altar schwebte ein Aluminiumkruzifix mit einem Corpus aus rotem Glasfluß wie eingetrocknete Erdbeermarmelade. Ein augenloses Kykladensymbol aus Beton stellte die Madonna dar. Den heißen Raum, auf dem die Sonne stand, erfüllt ein fauliger Geruch, der von der Blumenvase auf dem Altar herkam. Die Herbstblumen waren in bräunliches Gemüse verwandelt. Daneben stand ein silbernes, mit Bergkristallknollen besetztes Schränkchen. Als Ludwig eintrat, war Hermann gerade dabei, diese Blumen fortzuschaffen.

„Nicht vergessen, vor dem silbernen Schränkchen eine Kniebeuge zu machen", sagte er flüsternd, als er Ludwig bemerkte. Er freute sich, aber war zugleich voll Eifer.

In der Sakristei stand ein Kunststoffkanister mit Wasser. „Bitte fülle das Becken an der Tür!" Das Becken war eine Glasschale in einer Messinghalterung, verkrustet von alten Ablagerungen. Die wurde wahrscheinlich besser vorher gespült. Wie gut, daß sie zwei Stunden Zeit hatten. Auf dem Altar durfte nichts so bleiben, wie es war. Dort lag eine gelbliche Kunststoffnoppendecke, links stand das Schränkchen, rechts davon zwei getöpferte Tonschalen mit dicken Kerzen. Das mußte alles abgeräumt werden. Das Schränkchen wurde in die Mitte gerückt. Über den Altar waren übereinander drei schmale, sehr lange, gestärkte weiße Leinendecken zu breiten, die rechts und links bis zum Boden hinunterhingen. Ludwig und Hermann hielten diese langen Decken gespannt und senkten sie dann hinab, bis eine über der anderen lag. Rechts und links von dem heiligen Schränkchen stellte Hermann je drei neugotische Bronzeleuchter auf. Auf die Leuchter kamen gelbe Kerzen – „gelbe, nicht weiße!" erklärte Hermann gedämpft. Dann suchte er aus einer Schublade drei Tafeln hervor, eine breite und zwei schmale: auf der breiten standen viele Textkolonnen, darüber in roten Buchstaben: „Canon missae", auf den schmalen je eine Kolonne, die eine rot mit dem Wort „Lavabo", die andere gleichfalls rot mit dem Wort „Initium" überschrieben, die erste wurde rechts an eine Kerze gelehnt, die zweite links, die große vor das Schränkchen. Jetzt setzte er auf die Steinstufe des Altars, indem er seine Kniebeuge nicht vergaß, eine Bronzeglocke, genaugenommen mehrere Glöckchen an einem Griff, und dann war der Altar fertig.

Nun wandte er sich der Kredenz zu. „Kredenz" hieß

das Tischchen neben der Sakristeitür. Eine weiße Decke kam darauf. Aus einem Wandschrank übergab er Ludwig zwei seltsam geformte Glaskännchen mit hochgeschwungenen spitzen Schnuten, aus denen nur ein feiner Strahl rinnen konnte. Das Kännchen ohne Henkel wurde mit Wasser gefüllt, diesmal nicht aus dem Kanister, das Henkelkännchen mit Wein aus einer angebrochenen Flasche „Rheinhessen", einer trockenen Spätlese, wie auf dem Etikett stand. Der Weingeruch hatte etwas fremdartig Medizinisches in diesem schlauchartigen Räumchen. Auf der Kredenz bedeckte Ludwig die Kännchen mit einem gestärkten, dreifach gefalteten Leinentüchlein. Daneben kam eine Messingschale mit einer kleinen Messingkanne – „Wasser aus dem Kran!" – und ein kleines neuvergoldetes Tablett – „Nicht mit den Fingern berühren, sondern mit einem weißen Tuch anfassen." Und damit war auch das Kredenzkapitel beschlossen. Ludwig hoffte, daß er die Sachen richtig anordnete, wenn er, wie auf dem Altar, alles möglichst symmetrisch aufstellte. Hermann erwähnte hierzu nichts.

„Brennt die rote Kerze auf dem Altar?" Daher kam also Hermanns rote Kerze. Auf dem Altar stand keine rote Kerze. Aber auf dem Sakristeitisch gab es zwei. Eine davon zündete er an und stellte sie – Kniebeuge – neben das silberne Schränkchen.

„Jetzt können wir in die Sakristei gehen."

Wieder fühlte Ludwig sich zusammen mit Hermann in die Kinderzeit zurückversetzt. Waren sie nicht in einem großen Spiel, in dem jede gelöste Aufgabe zu neuen Aufgaben führte? Hermann bemerkte bekümmert, daß die Kapelle Ludwig wahrscheinlich nicht gefalle. Ludwig entdeckte überall etwas Geschmackloses; mit Gewißheit sei auch die Kapelle geschmacklos. Um so genauer müßten sie sich an die Vorschriften halten, wo es keine Schönheiten gab, die von Unvollkommenheiten der Form ablenkten.

„Der Kelch" hieß das nächste Kapitel. Der Kelch steckte in einem hohen Lederfutteral. Ludwig öffnete es und sah ein goldenes Gefäß auf hohem Fuß, in einer kleinen Schublade zu dessen Füßen einen flachen goldenen Teller. „Kelch und Teller darfst du nicht berühren. Nimm sie mit einem weißen Tuch heraus." Hermann legte ein zu einem Streifen gefaltetes Tuch in den Kelch, so daß die beiden Enden über den Rand hingen, und bedeckte den Kelch dann mit dem goldenen Teller. Aus einer Holzdose nahm er eine große weiße Oblate, der Bruchstellen eingeprägt waren. Die kam auf den Teller. Den Teller bedeckte eine quadratische Tafel in einem bestickten Leinenüberzug. Und nun suchte er aus einer tiefen Schublade mit roten, grünen und violetten Seidentüchern ein schwarzes, und dies schwarze steife Seidentuch verhüllte den Kelch und seinen Aufbau vollständig. Eine quadratische Seidentasche, in der ein steifgestärktes Leinentuch lag, bildete das Dach des Kelchs. Er war jetzt zu einem schwarzen Seidenzelt geworden. In steifen Falten stand das Tuch um den Kelch herum.

Im Schrank hingen die Meßgewänder, in denselben Farben wie die Tücher aus der Schublade. Die meisten Ornate entstammten dem neunzehnten Jahrhundert. Die Farben leuchteten, die Stoffe glänzten. An Halsansatz und Schultern waren sie abgescheuert. Diese Sachen gehörten nicht hierher, das war deutlich zu sehen. Da hing das schwarze Gewand. Sein Damast hatte neugotische Muster. Das Meßgewand legte er auf den Tisch. Alle möglichen schwarzen Seidenstreifen, Leinenhemden, Tücher und Gürtel wurden darüber gehäuft. Jetzt war auch das geleistet.

Ludwig setzte sich in die Bank. Die Kapelle war immer noch leer, aber die rote Kerze brannte. Das Tageslicht wurde schwächer. Die Kapelle war jetzt bereit; sie war so karg und öd wie zuvor, aber ihr Motor war gleichsam angeworfen. Obwohl die Tür zur Sakristei geschlossen war, ahnte man, so befand Ludwig, daß dahinter gleichfalls alles bereit war. Er dankte Hermann, daß er ihm hatte helfen dürfen. Wie ein Gastgeber, der den gedeckten Tisch und die geöffneten Rotweinflaschen überblickt, erwartete er die Gäste.

Bella war heute freundlich gewesen, wenngleich in Gedanken versunken. Aber ihr Blick war nicht abweisend, als er ging. War da nicht sogar die Andeutung eines Lächelns?

Ein Mann mit Aktentasche trat geradezu stürmisch ein, mit gereizter Verdutztheit sah er um sich. Sein weißes Haar war akkurat gescheitelt, das gab ihm etwas altmodisch Offiziersmäßiges. Was ist denn hier schon wieder? schien er sich ungehalten zu fragen. Jetzt sah er Ludwig in der Bank sitzen. Mit starr werdender Miene nickte er ihm knapp zu, als habe er auf den ausrasierten Nacken einen Klaps erhalten, und suchte schnell an ihm vorbeizugelangen. Dann hielt er inne, sah noch einmal zu Ludwig hinüber, als sei ihm etwas eingefallen, und beugte langsam und feierlich sein Knie vor dem silbernen Schränkchen. Ludwig folgte ihm in die Sakristei.

Dort fand er den Mann im Hemd vor. Hermann hing soeben die Anzugjacke und die gestreifte Krawatte über einen Bügel. Der Mann hielt einen schwarzen Lappen aus dünnem Stoff in der Hand, den er sich wie ein Lätzchen um den Hals zu stecken suchte. Es gelang mit Mühe. Oben in dem schwarzen Lätzchen steckte ein gelblicher Zelluloidrand, der jetzt als niedriger Stehkragen daraus hervorsah.

„Sie wollen zu dieser Messe hier kommen?" Der Mann reckte alarmiert den Hals. Zugleich trat er einen Schritt zurück, in einer vogelhaften Mischung aus Zorn und Vorsicht. Diese Messe sei nicht öffentlich. Es sei nicht verboten, daran teilzunehmen, aber erwünscht, daß der Kreis klein bleibe. Diese Messe sei ein besonderes seelsorgerisches Entgegenkommen für einen eher problematischen Kreis von Gläubigen. Der normale gebildete Katholik gehöre da nicht hin.

„Dies ist nicht die Mitte der Kirche, wenn Sie mich recht verstehen." Überhaupt sei diese Messe vor allem für alte Leute – „Senioren", sagte der Mann – gedacht. Es kämen zwar auch Jüngere, aber das bereite ihm Kopfschmerzen, denn diese Messe hier „sei klar ein auslaufendes Modell". Die Kirche habe sich in einem überfälligen Akt von ihrem gesamten animistischen, magischen Ritualienkomplex getrennt, den sie allzu lange durch die Neuzeit geschleppt habe, eine Riesenlast, „eine Kathedrale auf einem Schubkarren", die die Kirche von den großen Fortschritten des neuzeitlichen Geisteslebens getrennt habe. Nun gebe es einige wenige, die dem alten magischen Gesicht der Kirche verhaftet seien, eine winzige Schar, intellektuell auf bescheidenstem Niveau, soziologisch zu vernachlässigen, geistlich natürlich nicht. Man habe diesen Leutchen jahrzehntelang die Sündenangst eingepaukt und lasse sie nun allein im Dunkeln, während die neue Kirche ihren Weg ans Tageslicht gefunden habe. Hier leiste er Sterbehilfe.

„Behutsam", sagte er, mit dem Kopf nachzuckend und die kräftigen Arme schwenkend. Deshalb habe er sich hier auch das Kollar umgewürgt. „Wenn die Leute ihren Priester haben, sind sie ja so leicht zu lenken." Beim Bischof gebe es gar kein Verständnis für diese Seelsorge. Man plädiere um den Bischof herum dafür, diese verbohrten Ritualisten ganz abzuschreiben. Der Bischof finde diese Messe hier im zweiten Stock des Hotels „gefährlich".

Hermann war schweigend, aber mit heiterer Miene hinausgegangen. Ludwig stellte sich vor, er sei Hermanns Bruder.

„Ich schätze Herrn Drais", sagte der Mann, als halte er Ludwig stolz eine gewagte Ansicht entgegen. Der Bruder des Herrn Drais sah so vertrauenerweckend geschäftsmäßig aus, daß der Mann offen zu sein wagte.

„Das Schwarz", er zeigte auf das ausgebreitete Messornat, „das haben wir zum Glück überall abgeschafft. Dieser düstere Trauerpomp hatte etwas Nekrophiles. Wir kennen jetzt endlich die Freude des Christseins", dabei wurden seine Lippen schmal, und sein Ausdruck bekam etwas Zänkisches. „Gessner", sagte er dann und reichte Ludwig die schraubstockhafte Hand. Auch Ludwig fühlte sich zu festem männlichem Händedruck verpflichtet. Er lese Kirchengeschichte an der Universität. Ludwig entgegnete, er sei Großhandelskaufmann.

„Die Mühlen der Kirche arbeiten langsam", sagte der Professor. „Jetzt erst nehmen wir die Errungenschaften der Reformation auf." Das Christentum entstamme dem Mittelmeerraum. Seine Ritualien hätten zunächst einmal alles aufgesaugt, was da mittelmeerisch in diesem großen Religionssuppentopf Spätantike herumgeschwommen sei. Heidnisches, römischer Kaiserkult, Mithraskult, Isiskult, Dionysoskult, orphische Kulte, eleusische Mysterienkulte, die platonische Akademie, jüdischer Tempelkult, jüdischer Synagogengottesdient, von orientalischen Ritualen beeinflußte frühe Mönchsbräuche, jüdische, heidnische und christliche Gnosis – eine faszinierende Mischung vom Archäologischen her gesehen – vom Religiösen her unappetlich. Und dieser Riesensumpf sei dann noch unter römische Herrschaft gefallen: römisch-kanonistisch-rubrizistisch-juristisch hätten die Römer ihn trockengelegt und eingefaßt und Deiche gebaut und Teiche vollaufen lassen, ein ganzes System von Teichen, ohne ein Gefühl dafür, was man da eigentlich geordnet habe. Jetzt, wo der Berg von Vorschriften, kostbar gedruckt, zu Makulatur geworden sei, die phantastischen theatralischen Ornate im Museum, die alten Riten abgeschafft und aus dem Gedächtnis der Katholiken bereits gründlich verdrängt, komme allmählich zum Vorschein und dringe auch überall ins Bewußtsein, was eigentlich dahintergesteckt habe. Der

Professor sah Ludwig durchbohrend an. Er hatte das panisch Gereizte verloren. Seine Vorfreude war spürbar, einem erfolgreichen, im neuzeitlichen Lebenskampf stehenden jungen Mann etwas Erschreckendes mitzuteilen, das ein solcher Jüngling einem weißhaarigen Priester nicht zugetraut hätte.

„Wir Pfaffen haben unsere Geheimnisse, aber jetzt ist bald Schluß damit. Die Pfaffenherrschaft ist zu Ende. Es hat unter diesem gigantischen kulturellen Wust, dieser liturgischen Riesenperücke eine Glatze gesteckt – nichts – oder jedenfalls nicht viel – oder jedenfalls Ungenaues, schwer zu Fassendes. Das Letzte Abendmahl – denn das ist es doch, was in der lateinischen Zeremonienpracht versteckt sein soll –, was war es eigentlich? Wir wissen es nicht. Ein Opfer, wie da hochgemut stets aufs neue behauptet und nachgeplappert wurde! Ein Mann ißt mit seinen Freunden zu Abend, und das soll ein Opfer sein? Sie sehen schon, was man der Sache alles aufgepfropft hat: die schaurige Opfertheologie mit ihrem steinzeitlichen Blutgeruch. Versuchen Sie mal, einem Nichtchristen das zu erklären: Gott erschafft den Menschen, und der Mensch beleidigt Gott so sehr, daß als Entschädigung nur ein Übermenschenopfer akzeptabel ist. Also läßt Gott seinen Sohn in Menschengestalt barbarisch schlachten und ist danach zufrieden und versöhnt. Versuchen Sie das mal!"

„Ich kann Ihnen dazu nichts sagen, aber ich wüßte gern, was mein Bruder darüber denkt", sagte Ludwig.

„Ihr Bruder würde sagen, das ist ein Geheimnis", sagte der Professor schroff und ging zum Waschbecken. Hermann achte auf jedes Detail. „Sie müssen beim Händewaschen das Gebet Lavabo sprechen", versäume er nie zu erinnern, bevor die Ankleidung beginne. Die Hände wasche er sich ohnehin, und zwar, weil er aus dem Omnibus komme und fühle, daß sie klebrig seien. Das Gebet hingegen lasse er weg, denn das sei „durch Dekret der Ritenkongretation bereits zur Zeit Pius des

Zwölften nur noch fakultativ" gewesen. Dem müsse Hermann sich beugen, aber er versuche es stets aufs neue.

„Er ist eigensinnig, er macht sich alles kaputt", sagte der Professor. „Ich könnte ihm Tür und Tor öffnen. Er könnte Priester werden, als Spätberufener in kürzester Zeit, ich wäre bereit, das alles möglich zu machen, aber er müßte sich dann einen Ruck geben und diese Fixierung auf die hoffnungslose Sache endgültig überwinden. Er mag sie lieben – ich liebe sie auch! –, aber das muß eine platonische Liebe werden", jetzt lachte er unheiter polternd, so hatte auch Ludwigs Schuldirektor gelacht, ein protestantischer Theologe diesmal, das war wohl ein konfessionsübergreifendes Lachen der männlich herben Theologen, die sich damit von den süßlichsalbungsvollen Theologen absetzten. Draußen hatte Hermann die Kerzen angezündet. Drei Frauen mit Hüten aus Kunstpelz, eine blonde Frau mit zwei kleinen Kindern, ein älterer Mann mit einem Milchglas in der Brille, ein bärbeißiger rotgesichtiger Mann, eine akkurat frisierte blasse feinnasige Frau, ein unrasierter Mann, der verwirrt in einem der ausgelegten schwarzen Büchern blätterte, saßen in den ersten Reihen. Nach und nach kamen vielleicht dreißig Personen zusammen. Ludwig versuchte, etwas Gemeinsames an ihnen zu entdecken, wie sie da in stiller Erwartung saßen, aber es gelang ihm nicht. Es war, als habe man dreißig Menschen, die an der Haltestelle auf den Omnibus warteten, zusammen hierher geführt. Als dann ein Glöckchen klingelte, die Sakristeitür sich öffnete und alles sich von den Plätzen erhob, empfand Ludwig einen Moment lang eine wirkliche Überraschung, obwohl er sich doch selbst in dem Hinterzimmer aufgehalten hatte.

Vom Untergang Konstantinopels wird berichtet, daß sich die ganze nichtkämpfende Bevölkerung der Stadt in der Hagia Sophia versammelte, um dort bei nicht abreißenden Messen ein Rettungswunder zu erflehen. Gerade dort an ihrem heiligsten Ort, der zugleich bis dahin auch das Asyl der Verfolgten war, mußten die Griechen dann die Vernichtung aller Hoffnungen, die Schändung aller bis dahin bewahrten Heiligtümer, Ausrottung und Untergang erleben. Unter den Überlebenden verbreitete sich die Geschichte, beim Eindringen der Türken habe ein Engel eine Mauer geöffnet und die zelebrierenden Priester durch den Spalt weggeführt. An derselben Stelle werde sich die Mauer einst öffnen und die für diesen zukünftigen Heilstag Aufgesparten wieder zurück in den Tempel ziehen lassen. Ludwig, der von allem Historischen meist nur das Anekdotische behielt, war das Bild der durch den Spalt verschwindenden und wiederkehrenden Prozession als Ausdruck einer Hoffnung gegen jede Vernunft und jeden Augenschein und gegen alle Gesetze der Geschichte haftengeblieben, aber als sich die rumpelnde Schiebetür jetzt auftat, war es, als sei dieser von den unglücklichen Griechen beschworene Augenblick eingetreten, nur daß die Prozession sich verirrt hatte und statt in Istanbul im Agyasofyamüze in diesem kahlen Wartesaal angelangt war. Hermann trug nun einen schwarzen bodenlangen Talar und darüber ein knielanges mit Spitzen besetztes weißes Leinenhemd, das auch seinen Hals mit einer kleinen gekräuselten Spitze umgab. Er sah überraschend kindlich und reinlich aus, als solle er getauft werden. Ihm folgte Professor Gessner, er hatte einen kleinen schwarzen Hut ohne Krempe, mit einem dunkelroten Seidenpompon auf dem Kopf und war in alle Gewandstücke, die Ludwig und Hermann übereinander gestapelt hatten, gekleidet. So schritten sie durch die Bänke, bis sie bei dem Altar angelangt waren. Dort stellten sie sich auf und beugten das Knie. Ein bärtiger Mann an der kleinen Orgel begann mit Bassstimme einen langsamen Gesang. Der Professor reichte Hermann seinen Hut, der ihn entgegennahm und ihm dabei die Hand küßte. Nun begann der Professor, der tief gebeugt stand, einen geflüsterten längeren Dialog mit dem neben ihm knienden Hermann, währenddessen sich beide an die Brust schlugen. Der Bärtige sang dazu seine verschlungene Moll-Melodie, die in einen Sprechgesang überging und dann wiederkehrte. Es waren Gesänge, die an orientalische, arabische oder indische Musik erinnerten. Manchmal sangen die Leute in den Bänken mit ihm zusammen, dann wieder sang der Professor Gessner mit angestrengter, unschöner Stimme etwas aus einem großen Buch auf dem schwarzverhüllten Lesepult, aber man sah sein Gesicht nicht dabei, er stand mit dem Rücken zu den Leuten und wandte sich nur gelegentlich um, mit gesenktem Kopf und geöffneten Armen, die Handinnenflächen vorzeigend, um mit der Gemeinde gleichfalls einen formalisierten Dialog zu sprechen. Seine Bewegungen waren die einer aufgezogenen Puppe, starr ruckend. In jedem Augenblick zeigte er, daß ihm nicht selbstverständlich war, was er tat, sondern daß er sich hier einem Zwang unterwarf.

Ludwig sah es verwundert, vermutete dann aber, daß dieses automatenhaften Schreiten Hermanns Vorstellungen entgegenkam: nichts deutete darauf hin, daß das, was geschah, irgend etwas mit Professor Gessners Persönlichkeit, seinem Geschmack und seinem Intellekt zu tun hatte. Seinen Zornmut und seine Ungeduld mußte er für die Dauer dieser Geschehnisse zurückstellen. Es war geradezu, als müsse er sein entrüstetes, energiegeladenes Gesicht für diese Zeit verbergen. Der Bärtige sang jetzt ein langes Lied mit vielen kurzen Strophen, wurde, so schien es, von einer Variation der Melodie getragen, das weiße Mondgesicht des Sängers war starr, seine Augen traten etwas vor, er sah wie eine Brunnenfigur aus, und dem Wasser vergleichbar flossen die Töne aus seinem Mund, ein endloser Gesang, dem dann wieder ein längerer krähender Sprechgesang von Gessner, diesmal auf der linken Altarseite, folgte.

Hermann hatte Ludwig Nichtwissen verordnet. „Hermann ist mein Papst", dachte er lächelnd und lehnte mit einer Handbewegung das von seinem Nachbarn ihm zugeschobene aufgeschlagene schwarze Buch ab. Und doch war auf die Unversehrtheit dieser Ahnungslosigkeit schon ein Anschlag verübt worden, als Professor Gessner den Begriff „Opfer" wie den Gipfel des Unsinnigen mit diesen Riten in Verbindung brachte. Zum Glück war kein Unheil entstanden. Der theologische Streit, den Gessner, indem er Ludwig für einen in diesen Fragen unterrichteten Katholiken hielt, polemisch umrissen hatte, blieb ihm fern. Und doch berührte es ihn eigentümlich, daß er womöglich soeben an einem „Opfer" teilnahm.

Opfer waren doch meist eine blutige Angelegenheit, auch Gessner sprach davon. Der persische Großkönig tötete jeden Morgen ein schönes Pferd als Opfer. Auf aztekischen Pryramiden wurde ausgewählten jungen Menschen in buntschillernden Federmänteln das Herz aus dem lebendigen Leib geschnitten, als Opfer für mächtige Gottheiten. Die Griechen opferten Stiere, die Römer Schafe oder Widder, Sokrates opferte einen Hahn. Heute wurden die Leute, die bei einem Unfall starben, „Opfer" genannt. „Ein Unfall auf dem Alleenring mit einem Todesopfer", so hatte Fidis Ende in der Zeitung gestanden. War Fidi ein Opfer oder war das nur der gedankenlose Sprachgebrauch einer Zeit, die von Opfern nichts mehr verstand? Ludwig dachte an das Bild, das Bella ihm beschrieben hatte: Fidi unverwundet, schlafend, nackt auf einem hohen Bett, von feinen Schläuchen beatmet und mit wirkungslosen Wirkstoffen versorgt, in hellem Licht. Auch der Vater lag auf einem hohen Bett, aber es war nicht hell, und er lag nicht ausgestreckt, sondern wie ein Wurm gekrümmt. Als Ludwig mit den weißgestärkten und scharfgebügelten Altartüchern kämpfte, um sie sorgfältig übereinanderzulegen, war das nicht, als helfe er, dem Vater das Bett frisch zu beziehen?

Und dann hatte der Vater in diesem weißen Bett gelegen, in dieser neuartigen Bewegungslosigkeit, die sich von der Reglosigkeit eines Lebenden unfaßbar und unbegreiflich unterschied. In dem sonnen- und rauch- und gesangerfüllten Raum fiel ihm Presslers Bemerkung ein: „Dies sind die beiden Sätze, die ich am häufigsten ausspreche: Das verstehe ich nicht, und: Das ist doch ganz einfach." Beides zugleich hätte Ludwig jetzt sagen können, denn er verstand tatsächlich nichts von dem, was sich um und vor ihm tat, aber zugleich schlich sich die Vorstellung in ihn ein und war dann plötzlich zwingend, etwas Offensichtliches, sehr Einfaches, daß auf den weißen Tüchern des Altares der Vater und Fidi lagen und vielleicht noch mehr Tote, aber die Leichen waren klein, und der schwarze Rücken des Professors Gessner verdeckte sie vollständig.

Und jetzt war es still, alle Leute knieten, und Professor Gessner flüsterte und schlug die Seiten in dem Meßbuch um, und Hermann in seinem Talar kniete neben ihm und hatte die Glocke in der einen Hand, die andere hielt das Meßgewand etwas in die Höhe, und Professor Gessner beugte sich vor und flüsterte etwas vernehmlicher, und dann machte er eine Kniebeuge, das Glöckchen wurde geläutet, und dann reckte er mit beiden Händen eine kleine weiße Scheibe hoch in die Luft, während dreimal das Glöckchen geläutet wurde, und Ludwig vergaß, daß Hermann die Oblate aus der Holzdose auf den kleinen goldenen Teller auf dem Kelch gelegt hatte, er sah diese weiße Scheibe in der Rauchwolke gar nicht als etwas Materielles an oder jedenfalls doch als etwas sehr Zartes, verfestigtes Licht, einen stillen Augenblick lang. Dann senkten sich die Hände wieder, und Professor Gessner begann aufs neue flüsternd zu lesen...

Offenbarung durch Verhüllung in der alten römisch-katholischen Liturgie

Verhüllung in der römischen Liturgie ist nach den Büchern des alten Ritus, wie er bis zu seiner Reform gegolten hat, Offenbarung: Offenbarung durch Verhüllung.

Dieser Ritus beginnt mit der Verhüllung des Zelebranten, der mit Gewandstücken bekleidet wird, die sämtlich einen symbolischen Charakter haben. Der Zelebrant legt sich zu Beginn der Einkleidung das Schultertuch über den Kopf, im Gebet spricht er über den Helm Gottes, den er nun anlegen wird, aber das Hauptverhüllen ist eine Geste, die in der heidnischen und jüdischen Antike noch viel mehr aussagen kann: Reue und Trauer ebenso wie die Ehrfurcht vor dem heiligen Ort. Es fällt auf, daß die Charaktereigenschaften und Tugenden wie Keuschheit, Stärke und Demut, die mit den einzelnen Gewandstücken in kurzen Gebeten verbunden werden, wirklich wie Teile der Rüstung entgegengenommen werden, von der der Heilige Paulus spricht.

Der Neue Mensch, Christus, wird buchstäblich „angezogen". Natürlich wird auch die Bitte ausgesprochen, daß diesem äußerlichen Anlegen eine Verwandlung des Innern folgen möge, aber es bleibt doch als Wesentliches der äußere Akt: die Gnade kommt „von oben", und das heißt von außen. Der Mensch nimmt seine Vollendung nicht als eigene Leistung, sondern als Gabe, die er sich im Anlegen zu eigen macht, von außen her an. Beim Bischof werden sogar Hände und Füße bekleidet; er ist vollständig „eingepackt" und es fällt mir schwer, hier nicht an Mircea Eliades Beschreibung afrikanischer Stammespriester zu denken, die getragen werden müssen, um durch Berührung mit dem Fußboden nichts von ihrer Weihekraft zu verlieren. Dieser Bezug ist selbstverständlich an keiner Stelle der liturgischen Bücher bestätigt. Die liturgischen Vorschriften des Westens vermeiden auf eine häufig geradezu auffällige Weise jede Bezugnahme auf mystische und sakrale Vorstellungen. Ein betont nüchterner Rationalismus durchzieht die westliche liturgische Literatur, ein geradezu demonstratives Nicht-Wissen-Wollen, in welchem großen religionsgeschichtlichen Zusammenhang die einzelne liturgische Vorschrift steht. Es hat im Christentum von Anfang an, bereits im Konflikt zwischen Petrus und Paulus sichtbar, eine sehr unterschiedliche Haltung zum Heidentum gegeben: eine strikt und puritanisch abwehrende, die keinerlei Verbindung zwischen den „Greueln der Heiden" und dem neuen Glauben sehen wollte, und eine universalistische, die das Heidentum als zweites Altes Testament ansah, in dem in Kunst und Philosophie der Heilige Geist das Kommen des Erlösers vorbereitet hatte. Daß im katholischen Priestertum Elemente des Priestertums aller Zeiten aufgehoben waren, war dieser zweiten Tradition ebenso selbstverständlich, wie es der ersten verdächtig und verhaßt war. Das Angefülltsein mit priesterlicher Weihegewalt wird jedenfalls bei dieser Einkleidung des Bischofs mit allen seinen verschiedene Weihestufen darstellenden Gewändern – er trägt die Subdiakonstunicella, die Diakonsdalmatika und das priesterliche Meßgewand übereinander – besonders deutlich. Wenn er dann schließlich sakramental handelt und die Hostie in die Hände nimmt, legt er die Handschuhe ab und gibt den Weihestrom, den er selbst einst durch Handauflegung empfangen hat, gleichsam frei.

Den Zug des Bischofs begleiten Altardiener, die große Tücher, *Velum* genannt, um die Schulter tragen und die Aufgabe haben, die bischöflichen Insignien, Mitra und Stab während der Liturgie zu halten. Diese Velen verbergen die Hände der Altardiener und mit unter dem Meßgewand verborgenen Händen wurde einst auch das

Evangelienbuch getragen. Das Verhüllen der Hände ist eine antike Ehrfurchtsgeste der Dienerschaft. Bis in die Neuzeit hinein kannte man in der profanen Welt die weißen Handschuhe der bei Tisch aufwartenden Diener, eine letzte Ahnung der furchterregenden Erzengel vor Gottes Thron, wie sie in der Geheimen Offenbarung des Johannes beschrieben werden, mit drei Flügelpaaren ihre Hände, Füße und ihr Gesicht verbergend.

Die Geheime Offenbarung ist das liturgische Buch des Neuen Testaments. Verhüllt wie die Engel umgeben die Altardiener den Opferpriester, der die Schlachtung des Lammes vollziehen wird. Beim „Offertorium", dem Beginn der Opferhandlung nach den Lesungen der Schrift und dem Glaubensbekenntnis, trägt der Subdiakon das Opfergerät und die Opfergaben zum Altar. Der Kelch ist mit der Patene bedeckt, auf der die Hostie liegt. Über ihr liegt ein gestärkter Leinendeckel, die Palla, und darüber ist ein großes Tuch in der Farbe der Paramente gebreitet, das gleichfalls Velum heißt. Wie ein Zelt sieht der verhüllte Kelch aus, er ist „Tabernaculum" *en miniature:* Stiftshütte, die die heiligen Gerätschaften birgt. Der Subdiakon bekommt ein großes Velum um die Schultern gelegt und trägt den Kelch mit der Hostie in ihm geborgen. Der ungewandelten Opfergabe wird auf diese Weise dieselbe Verhüllung zuteil wie später der gewandelten – auch der Speisekelch, das Ziborium mit konsekrierten Hostien, wird unter einem Velum verhüllt getragen. Das ist in der Ostkirche nicht anders, die bei der Prozession der Opfergaben vor der Wandlung die ausgesonderten und zum Opfer bereiteten Brotstücke und den Wein gleichfalls unter Kelch-Velen verborgen dem Volk zur Verehrung vorführt. Die verhüllte Opfergabe ist der noch nicht geopferte, vor der Kreuzigung stehende Christus, noch nicht das hochaufgerichtete Zeichen, dem widersprochen wird, sie ist auch der bekleidete Christus, der darauf wartet, seiner Kleider beraubt zu werden.

Nachdem der Subdiakon die Opfergaben und Gefäße zum Altar gebracht hat, übergibt ihm der Diakon die Patene. Der Subdiakon nimmt daraufhin an den Stufen des Altars Aufstellung und hält die Patene von dem Schultervelum verhüllt vor sich in die Höhe. Man hat zweierlei in dieser Geste sehen wollen: zum einen die Ehrfurcht gegenüber dem Teller, der dazu bestimmt ist, die konsekrierte Hostie, den Leib des Herrn zu tragen, zum anderen aber auch einen alten römischen Brauch. Danach habe der Papst im 1. Jahrtausend von seiner eigenen Messe Hostienpartikel in alle Stationskirchen der Stadt gesandt. Der Subdiakon habe, vom Velum verhüllt, dieses Partikel auf der Patene vor sich gehalten und damit gezeigt, daß das gerade gefeierte Opfer mit dem Opfer des Papstes, als des sichtbaren Hauptes der Kirche, in Verbindung stand und daß es, in der Aufhebung der Zeit und Geschichte, die in jedem Meßopfer geschieht, überhaupt nur ein einziges Opfer gab, das Opfer Christi auf Golgotha, von dem alle liturgischen Opfer ausgehen und in das alle liturgischen Opfer einmünden. Dieser Engel mit dem hocherhobenen geschlachteten Lamm in der verhüllten Opferschale war dann die Verkörperung der ewigen Liturgie, die die Geheime Offenbarung die „Hochzeit des Lammes" nennt und zu der die irdischen Liturgen, wenn sie ihr Werk vollbringen, lediglich hinzutreten.

In den einfacheren Formen der Messe hat man diese Verhüllung der Patene übrigens gleichfalls aufgenommen, so wichtig hat man sie in der Entstehungszeit des Kultes genommen. Wenn kein Subdiakon an der Liturgie beteiligt ist, schiebt der Priester während des Offertoriums die Patene unter das „Korporale", das quadratische Tuch, auf dem das „Corpus Christi", die Hostie liegt. Dieser und andere Vorgänge am Altar bleiben der Gemeinde verborgen, denn der Körper des Priesters verdeckt sie als gleichsam lebendige Ikonostase. Auch dies Verborgenbleiben gewisser Handlungen und Gesten ist eine Verhüllung. Der Bilderwand des Ostens entsprachen im westlichen Jahrtausend hohe Chorschranken, räumlich weit von der Gemeinde entfernte Altäre und von Vorhängen gänzlich verhüllbare „Ziboriumsaltäre" – an manchen dieser steinernen Baldachine über dem Altar kann man in Rom noch heute die Vorhangstangen und die spätantiken bronzenen Vorhangringe sehen. Im Westen war im alten Ritus von dieser Verhüllung nur die zur Kommunionbank geschrumpfte Altarschranke und gelegentlich eben der bedeutende Abstand zwischen Altar und Gemeinde übriggeblieben; aber auch die Rücken der Zelebranten, die von gleichfarbigen Ornaten bekleidet waren, bildeten eine Wand vor dem Opfergeschehen. Drei Traditionsstränge fließen in dieser Verhüllung zusammen: als erstes der Tempel in Jerusalem mit seinem Tempelvorhang, der das Allerheiligste abschirmte. Vor diesem Vorhang wurde auf dem Rauchopferaltar Weihrauch verbrannt, während auf dem Brandopferaltar die Holocausta dargebracht wurden; in Jerusalem wurde also vor dem Vorhang geopfert. Verborgen blieb der unsichtbare, durch den Weihrauch symbolisierte Gott im Innern des Allerheiligsten. Dieser Vorhang hatte auch die liturgische Phantasie der Heiden angesprochen. Zu hellenistischer Zeit wurde er aus dem Tempel geraubt – er war mit phönizischem Purpur gefärbt und von größter Kostbarkeit – und im Zeustempel vom Olympia in der Cella vor der Kolossalstatue des Zeus angebracht; er konnte dort von der Decke herabgesenkt werden und fiel in einen mit elfenbeinernen Reliefs verzierten Kasten zu Füßen der Statue.

Diese Neuerung im Zeustempel – denn das griechische Götterbild bedurfte solcher Verhüllung in der bis auf wenige Festtage immer geschlossenen Cella eigentlich nicht – leitet über zur zweiten Traditionsquelle für die Verhüllung und Verbergung der christlichen Liturgie. Aus Persien war vom Hof des Basileus her das Ritual der monarchischen Epiphanie bekannt, das Diokletian schließlich auch für den römischen Prinzipat einführte. Zur Verehrung des Kaisers und seiner Familie an bestimmten Tagen kam der Hof in der kaiserlichen Aula zusammen. Auf einer Tribüne hinter einem geschlossenen Vorhang befand sich die kaiserliche Familie; wenn sich der Vorhang öffnete, sank der Hof in die Prostratio. Für die byzantinische Ikonographie sind diese Vorhänge ein wichtiges Element der Heiligendarstellung geworden: der Heilige erscheint auf der Ikone zwischen zwei zur Seite geschobenen Vorhängen – dargestellt ist der Augenblick seiner Epiphanie, die mit der Verehrung bei ihrem Anblick beantwortet wird. Auch in der Liturgie ergeben sich durch die Abschirmung des Ritus immer neue Momente der Epiphanie – des Gotteswortes, das in Prozession aus dem Sanktuarium getragen wird, der Opfergaben, während ihrer Prozession und des gewandelten Herrenleibes, der im Westen über die Köpfe der Priester gehoben wird, um der Gemeinde gezeigt zu werden.

Der dritte Traditionsstrang ist meines Erachtens noch nicht recht ins allgemeine Bewußtsein geraten, obwohl es sich um eine altbekannte Praxis handelt. Seit frühester Zeit werden Messen am heiligen Grab gefeiert, aber eben nicht nur in der Grabeskirche mit ihren vielen Altären, sondern auch in der Grabkammer selbst. Dazu versammeln sich Priester und Gläubige im Vorraum des Grabes und halten dort die dem Opfer vorangehenden Lesungen ab. Dann begibt sich der Priester in die Grabkammer, wo er die Grabnische als Altar benutzt, die Grabtücher werden gleichsam zur Altardecke. Dort drinnen wird er von der im Vorraum bleibenden Gemeinde nicht gesehen, nur seine Stimme dringt heraus. Die Wandlung in der Verborgenheit des Grabes setzt den Opferakt von Golgotha mit dem Augenblick der Auferstehung im Grab in eins, denn diese Auferstehung war ja gleichfalls eine Art Transsubstantiation, der weiteste Schritt, den eine Substanz erleben kann: vom Tod zum Leben. Vor dem Lettner und der Ikonostase oder vor den abschirmenden Rücken der Priester stehen die Gläubigen wie vor dem Grab in Jerusalem, in dessen Abgeschlossenheit sich ohne menschlichen Zeugen die Auferstehung ereignete. Die Grabeskirche zu Jerusalem war die erste Kirchengründung des Kaisers Konstantin, mit dem die Kirchenbaukunst beginnt; mit der Auffindung des Kreuzes durch seine Mutter Helena begann eine Epoche der Rekonstruktion der Leidensgeschichte Jesu, in der die Gegebenheiten des Grabes als des zentralen Ortes des Glaubens gewiß besonders genau studiert worden sind.

Vor dem Offertorium hat der Diakon der Ostkirche ausgerufen: „Die Türen, die Türen! Achtet auf die Türen!" Von diesem Verhüllungsritus ist in der Ostkirche nur dieser Ausruf übriggeblieben; in der Westkirche die niedrigste Weihestufe des Priestertums, der Ostiarius, der Türhüter, der darauf zu achten hatte, daß am eigentlichen Opfermysterium nach der Schriftlesung weder die Ungetauften noch die öffentlichen Sünder teilnahmen. Die Liturgie verstand sich im ersten Jahrtausend von den Aposteln her als Mysterienfeier, bei der Unbefugte und Uneingeweihte nichts zu suchen hatten. Deren Ort war der Narthex, die Vorhalle der Kirche, in der der Priester den Büßer mit dem Schlag eines langen Stabes lossprach; dieser Stab heißt Narthex und von ihm her wurde diese Halle der von den Mysterien Ausgeschlossenen benannt. In Rom waren solche Stäbe in den sieben Hauptkirchen bis nach dem Konzil noch in Gebrauch. Er gehört dahin, wo vom Narthex die Rede ist und den langen Stäben der Beichtvater bei der Lossprechung. Lateinisch heißen diese Stäbe *vindicta*. Der Prätor gab in der Antike durch Berührung mit einem solchen Stab einem Sklaven die Freiheit – der Beichtvater befreite dementsprechend durch die Berührung mit dem Stab von der *Knechtschaft der Sünde* und dem

Unterworfensein unter das Gesetz. So früh verquickten sich in paulinischem Geist römisch-juristisches und sakramentales Denken. Die Kirche hat auch in den späteren Jahrhunderten, als es nicht mehr möglich war, die Eignung der Gemeindemitglieder zur Teilnahme an der Feier festzustellen, die Notwendigkeit eines Schutzes der Kultgeheimnisse vor der Profanierung erkannt. Im zweiten christlichen Jahrtausend beginnt im Westen der Brauch, die heiligsten Formeln, den „Kanon", dessen Höhepunkt die Wandlung ist, zu flüstern und sie so hinter einem Velum der Lautlosigkeit zu verbergen.

Das vergoldete Gehäuse, in dem die bei der Kommunion übrigbleibenden Hostien aufbewahrt werden, ist nach der Stiftshütte im mosaischen Tempel „Tabernaculum" benannt, das heißt Zelt. Im „Zelt" ist das textile Element schon enthalten. Die Tabernakeltüren werden durch Brokatvorhänge, meist in den liturgischen Farben, verborgen – als einzige Farbe ist Schwarz, die Ornatfarbe für die Totenmesse und den Karfreitag als Tabernakelvorhangfarbe verboten, denn es widerspricht der Anwesenheit des lebendigen Gottes. Auch innen haben die meisten Tabernakel noch einen Vorhang und die Speisekelche, die Ziborien, tragen ein mantelartiges Kelchvelum. Die Entnahme des Kelches aus dem Tabernakel hat deshalb etwas von dem Durchdringen der Zwiebelschalen an sich, bei der sich hinter jeder Schale eine neue verbirgt.

Es sei schließlich auch jene Verhüllung erwähnt, die für die meisten die Auffälligste und Bekannteste der liturgischen Verhüllungen ist: die Verhüllung der Kreuze und heiligen Bilder vom Passionssonntag bis zum Karfreitag. Weil diese Verhüllung in die Fastenzeit fällt, in der der Kult karger gefeiert wird, die Orgel und, vom Gründonnerstag bis Karsamstag, auch die Glocken schweigen, gewisse Gebete nicht gesprochen werden und kein Blumenschmuck der Altäre erlaubt ist, hat man die Verhüllung der Bilder und Kreuze ein „Augenfasten" genannt. Ein solcher Entzug des sinnlichen Reizes ist aber eigentlich nicht die Intention dieser Verhüllung. Sie leitet sich her vom Kult, der das authentische, von der Kaiserin Helena in Jerusalem aufgefundene Kreuz Christi, die *vera crux* in Jerusalem und dann in Rom in der Kirche Santa Croce in Gerusalemme umgab. Wie jede Reliquie war auch das heilige Kreuz in Tücher eingepackt, wenn es in der Sakristei das Jahr über verwahrt wurde. Am Karfreitag wurde es in die Kirche geholt und in einem feierlichen Ritus ausgepackt, um den Gläubigen gezeigt zu werden; zwei Diakone wachten dann rechts und links des Kreuzesholzes darüber, daß die Gläubigen, die das Kreuz küßten, dabei der Versuchung widerstanden, einen Splitter davon zu stehlen. Solche Splitter gelangten aber durchaus auch auf legalem Wege in viele Gemeinden Europas – der Scherz der Aufklärung, wenn man die überall verteilten und in schönen Ostensorien aufbewahrten Kreuzessplitter zusammenfüge, werde ein ganzer Wald entstehen, ist eine Projektion ohne Bezug auf die Realität; man hat festgestellt, daß mehr als ein großer Pfahl bei einer solchen imaginären Zusammenfügung nicht zustandekäme, was natürlich über die Authentizität der einzelnen Kreuzesreliquie zunächst nichts besagt. Man verfuhr jedenfalls mit den Kreuzessplittern in Europa nun genauso wie in Jerusalem und Rom: das feierliche Auspacken vor der Gemeinde und die anschließende Verehrung wurde nun genauso in Frankreich und Deutschland vollzogen. Und schließlich übernahm man diesen Kult auch in den Gemeinden, in denen es keine Kreuzesreliquie gab, indem man das Kreuz auf dem Altar verhüllte und es am Karfreitag dann in der geschilderten Weise wie die Vera Crux verehrte. Die Verhüllung hatte hier eben nicht das Ziel, das Kreuz den Blicken zu entziehen, sondern es wie das echte zu behandeln, es aus einem Andachtsgegenstand, einem Kultobjekt, einem heiligen Symbol wieder zu dem realen Folterinstrument zu machen, durch das Christus gestorben war. Die Verhüllung der Kreuze hat also nur Intention, die Geschichtlichkeit des Erlösungshandelns zu betonen, wie sie auch in der Einführung des Namens Pontius Pilatus, eines mäßig erfolgreichen Provinzadministrators, in das Credo zum Ausdruck kommt: sie spricht von dem realen Tod am realen Kreuz in einer genau zu fixierenden Stunde der Weltgeschichte an einem konkreten Ort und bekämpft also die mythische, allegorische, symbolische Auffassung der im Neuen Testament geschilderten Ereignisse.

Die religiöse Praxis der Verhüllung ist für die Aufklärungsbewegungen aller Zeitalter geradezu zum Sinnbild des Obskurantismus geworden. So wie im Begriff des „Illuminismus" die Vorstellung einer hellen Lampe liegt, die in dunkle Kellergewölbe voller Spinnweben und Ratten hineinleuchtet, so hat die aufklärerische Rhetorik auch gern davon gesprochen, daß sie Schleier zerreiße und Masken zerstöre. Was der Schleier für die Frommen verbarg, war ein Betrug. Es wirkte sich hier nachteilig aus, daß in barocken Allegorien die „Fides" – vielleicht bereits in subversiver Absicht, das müßte man einmal untersuchen – als Frau dargestellt worden war, deren Kopfschleier bis über die Augen gezogen ist. Der Glaube ist eine freiwillige Blindheit, sagten diese frommen, wahrlich nicht zur Nachahmung anstachelnden Bilder. Es war ein defensiver, vom Rationalismus verstörter Zugang zum Glauben, der die Religion mit einem *sacrificium intellectus* in Verbindung bringen zu müssen glaubte. Dabei war die Bedeutung des kultischen Schleiers seit ältester Zeit den Gläubigen klar gewesen. Als Pompejus den Tempel von Jerusalem als Sieger betrat, hatte er den Tempelvorhang in sakrilegischer Absicht zum Entsetzen der Priesterschaft zur Seite gezogen. Was er sah, erfüllte ihn mit Triumph, einem uns sehr vertrauten Gefühl. Hinter dem Schleier war nichts.

Die Ausweitung der Verhüllung auf sämtliche Kreuze in der Kirche und auf die Bilder und Statuen ist späteren Datums und hat mit der Verhüllung des am Karfreitag verehrten Kreuzes nichts zu tun. Die Begegnungen der lateinischen Christenheit mit der byzantinischen Kirche während der Kreuzzüge schufen das Bedürfnis, den Gedanken der Ikonostase wenigstens in der Fastenzeit zu adaptieren. In Cluny beginnt man daraufhin, während der Fastenzeit den Altarraum mit riesigen bemalten Fastentüchern abzugrenzen. Während der Fasten fand der Kult hinter diesem Tuch verborgen statt. In Deutschland sind einige solcher großen Fastentücher erhalten, in Zittau und in Brandenburg zum Beispiel; der Brauch der Ritusverhüllung nahm nach dem Tridentinum überall in Europa sehr schnell ab. Erhalten blieb die Bilder- und Statuenverhüllung, die den ganzen Kirchenraum in einen Narthex, eine ungeschmückte Vorhalle verwandeln sollte, in der nach altkirchlichem Brauch die öffentlichen Sünder auf ihre Lossprechung warteten. Nach der Reform von Cluny sollte die ganze Gemeinde sich betrachten, als tue sie, den öffentlichen Sündern gleich, Buße und halte sich bis Ostern außerhalb des Heiligtums auf.

Aber was hätte hinter dem Vorhang des Tempels denn wohl sein sollen? Glaubte Pompejus wirklich, den gläubigen Juden durch das Antasten ihres Heiligtums ein Licht aufgesteckt zu haben? Was er nicht sah oder nicht sehen wollte, war, daß nicht der Vorhang verbarg was die Botschaft war, sondern, daß der Vorhang selbst die Botschaft enthielt, um die es den Frommen im Tempel ging.

Was die Verhüllung in Wahrheit bedeutet, lehrt die früheste Erwähnung einer Verhüllung, einer Bekleidung, die wir in der Heiligen Schrift finden. Adam und Eva empfinden nach dem Sündenfall mit Schrecken, „daß sie nackt waren" und machen sich Kleider aus Blättern. Die Stelle hat etwas zutiefst Beunruhigendes, denn nach der Lehre der Genesis war der Mensch vollkommen erschaffen; seine Nacktheit war kein Mangel, sondern Ausdruck seiner Gottebenbildlichkeit. Nach dem Verstoß gegen Gottes Gebot ist der Mangel nun plötzlich da, obwohl der Mensch äußerlich unverändert ist. Er hat etwas verloren, das ihm nun fehlt und das Gefühl eines Verlustes in ihm weckt. Die Theologie hat diesen Mangel den Verlust der Gnade genannt. Unbeholfen versucht der Mensch, diesen Verlust wieder auszugleichen. Er bekleidet sich, um sich zurückzugeben, was ihn bis dahin strahlend umgeben hat.

So wird die Verhüllung zum sichtbaren Zeichen des für Menschenaugen unsichtbar gewordenen Nimbus der Gnade und Heiligkeit. Die Verhüllung in der Liturgie ist der dem eigentlichen Wesen der heiligen Gefäße und ihres noch heiligeren Inhaltes entsprechende Strahlenkranz, der niemals vergessen werden darf, wenn die entsprechenden Gefäße und Zeichen und Hostien richtig verstanden werden sollen. Die Verhüllung will in der Liturgie den Gegenstand nicht dem Blick entziehen, um ein Geheimnis aus ihm zu machen oder um sein Aussehen zu verbergen. Das Aussehen der verhüllten Dinge ist allgemein bekannt. Ihr Aussehen sagt aber über ihre eigentliche Natur nichts aus. Das tut statt dessen der Schleier. Und wenn man diesen Schleier teilt und die dahinter liegenden Schleier ebenfalls und durch die zwiebelschalig hintereinander liegenden Schleier zum Kern des Geheimnisses vorstößt, so ist es wieder ein Schleier, auf den man stößt: die Hostie selbst ist ein Schleier, wie ein französisches Sakramentslied sagt: *O divine Eucharistie, o trésor mystérieux / Sous les voiles de l'hostie est caché le roi des Cieux.*

Gottes Schöpfung ist real, aber diese Wirklichkeit, diese Fähigkeit, wirklich zu sein, ist durch die Erbsünde geschwächt, so könnte man eine theologische Doktrin des Schleiers formulieren. Ihr Mangel an Wirklichkeit, ihre verlorene Fähigkeit, über sich selbst hinauszustrahlen und sich als Gedanke des Schöpfers erkennen zu geben, wird durch den Schleier bezeichnet, der an die Stelle dieses Glanzes tritt.

Im neuen, von Papst Paul VI. eingesetzten Ritus und in der zum Teil mit bischöflicher Förderung weit darüber hinausgehender Praxis ist die Verhüllung beinahe vollständig verschwunden. Es gibt die Trennung zwischen Sanktuarium und Gemeinde nicht mehr, in neuen Kirchen ohnehin nicht, in alten ist sie unter oft groben Verletzungen der künstlerischen Gestalt aufgehoben worden. Es gibt das Velum der Stille beim Kanon nicht mehr, nicht mehr die Verhüllung der heiligen Gefäße und das Ziboriumsvelum. Das Amt des Subdiakons, das seit dem dritten Jahrhundert dokumentiert ist, wurde abgeschafft. Den Ritus der verhüllten Patene gibt es gleichfalls nicht mehr. Für den sakramentalen Segen mit der Monstranz findet man häufig noch das Schultervelum in Gebrauch – allerdings ist der sakramentale Segen selten geworden. Die Verhüllung der Kreuze in der Passionszeit ist dem Belieben überlassen worden, an dem einen Ort wird sie vollzogen, am anderen nicht.

Die Liturgiereform wird stets mit dem Argument verteidigt, den Meßritus von allen späteren Hinzufügungen befreit und in möglichst „reiner", dem Urchristentum naher Gestalt „wiederhergestellt" zu haben. Schleier und Verhüllungen sprechen in diesem Zusammenhang geradezu dem Gemeinplatz von „späterer Hinzufügung", obwohl sie Abzeichen des Mysteriencharakters sind, den die Liturgie gerade in den ersten Jahrhunderten besaß. Der liturgische Archäologismus muß sich wie alle Historismen und Restaurierungen – auch in der Welt der Kunst – den Vorwurf gefallen lassen, den Faust gegenüber dem geschichtstrunkenen Wagner erhebt: *Was ihr den Geist der Zeiten heißt / das ist der Herren eigner Geist / in dem die Zeiten sich bespiegeln.*

Die Aussage einer Liturgie, die auf Verhüllung verzichtet, ist vor diesem Hintergrund nur allzu klar: das Vorweisen der nackten Materialität rechnet nicht mehr mit der übernatürlichen Vollkommenheit der Schöpfung und der Erlösungsbedürftigkeit der Welt.

Der Aufsatz „Ewige Steinzeit" erscheint gleichzeitig im *Kursbuch*, die übrigen Beiträge dieses Bandes sind vorher in der *Una Voce Korrespondenz*, in *Sinn und Form*, der *Frankfurter Allgemeinen Zeitung* und dem Mitteilungsblatt der Laienvereinigung für den klassischen römischen Ritus (*Pro missa tridentina*) veröffentlicht. Der Roman *Eine lange Nacht,* aus dem eine Passage des letzten Kapitels entnommen ist, ist im Aufbau Verlag, Berlin erschienen. Für die Genehmigung zum Abdruck gebührt dem Verlag besonderer Dank.

Die vorliegende Ausgabe wurde um den Aufsatz „Offenbarung durch Verhüllung in der alten römisch-katholischen Liturgie" vermehrt.

Mein Dank gilt auch Robert Gernhardt für die Genehmigung des Abdrucks seines Gedichts „St. Horten", Bernhard Carolus für die Beschaffung des Materials über die Heidelberger St. Raphaelskirche und Bernhard Uske für die Redaktion der Texte und viele wichtige Hinweise.

M.M.

KAROLINGER

Fernando Pessoa
Politische und Soziologische Schriften
Herausgegeben von Brunello de Cusatis
ISBN 3-85418-071-3, 220 Seiten, geb.

Fernando Pessoa (1888–1935) ist der bedeutendste Dichter der Portugiesischen Moderne. Geboren in Lissabon aus jüdischer Familie, wächst er zweisprachig in Südafrika auf, kehrt nach neun Jahren nach Lissabon zurück und stirbt dort an einer Leberkolik. Alberto Caeiro, Ricardo Reis, Alvaro de Campos sind unter anderem die Heteronyme, unter denen er auftritt. Seine Prosa und Gedichte, die am Anfang dem Symbolismus und Futurismus nahe stehen, sind im Deutschen zum großen Teil greifbar, während seine politisch-soziologischen Arbeiten hier zum ersten Mal auf Deutsch erscheinen. – Brunello De Cusatis, Romanist an der Universität Perugia, einer der besten Pessoa-Kenner, verfaßte die instruktive Einleitung.

Der konservative Anarchist, kirchenfeindliche Mystizist und weltbürgerliche Nationalist Pessoa, geistig zwischen Sebastianismus, Nihilismus und Faschismus angesiedelt, verblüfft durch seine tänzerischen Annäherungen an die genannten Strömungen ebenso wie durch unerwartete Ablehnung eines oder mehrerer dieser Elemente. Pessoa spielt mit dem Leser und treibt ihn durch die widerstreitenden Weltanschauungen seiner Zeit. Don Quichote ist Pessoa in seinen geheimnisumwittert-sendungsbewußten Prognosen über Portugals künftige Größe („Die Hoffnung auf das Fünfte Reich, wie wir es in Portugal erträumen …"), anglophiler Liberaler in seiner Verhöhnung staatlicher Ordnungsideologien („Das Vorurteil der Ordnung"), während seine ironische Analyse der Geheimgesellschaften bereits als Wegbereitung für das Werk Umberto Eco's angesehen werden kann („Geheimgesellschaften") … In seiner fragebogenartig angelegten, kurzen Autobiographie sonnt sich der Autor im „Licht" (dieses Wort spielt in seinem Werk eine mehrdeutige Rolle) zwischen den Extremen – der Weltanschauung, des Glaubens, der Semantik. Pessoa ist somit wohl auch eitel, aber niemals charakterlos; manches lehnt er wirklich ab: die katholische Kirche, Revolutionen und Vulgarismen wie die öffentliche Meinung (ein Essay trägt diesen Titel) und Wahlversammlungen („Über Volksversammlungen").

KAROLINGER

Wolfgang Korfmacher
STIRNER denken

ISBN 3-85418-097-7, 124 Seiten, geb.

Max Stirner (1806–1856) gilt mit seinem Hauptwerk „Der Einzige und sein Eigentum", einem der radikalsten Texte der philosophischen Literatur, als Ahne und Großherr des Anarchismus. Dies mag nur zum Teil stimmen, weil es Stirner im Gegensatz zu den Anarchisten nicht darum ging, in einem System der Herrschaftslosigkeit die Solidarität der Einzelnen zu beschwören und damit das Subjekt wieder sozial zu verorten, sondern jenseits aller philosophischen Wahrheitssuche radikal den Einzelnen und nur den Einzelnen und sein Ich zu befreien. Marx nannte ihn in seiner *Deutschen Ideologie* „den hohlsten und dürftigsten Schädel unter den Philosophen"; von Engels über Carl Schmitt bis zu Jürgen Habermas wurde der „rigorose Monomane" abgelehnt. Dabei gilt es als erwiesen, daß der Geschmähte zu Marx' eigener Entwicklung entscheidend beitrug, ebenso wie sein Einfluß auf Turgenjew, Dostojewski, André Gide, André Breton und Herbert Read nachweisbar ist.

Wolfgang Korfmacher zeichnet nicht nur Leben und Einfluß Stirners, er gibt auch eine konzentrierte Darstellung des gesamten Werkes Stirners, das aufgrund seiner langen freien Assoziationsketten zwar auch poetische Qualität aufweist, zum anderen als Gesamtes schwer zu überschauen ist. Dem Autor ist es gelungen, leicht faßlich aber dennoch nicht popularisierend ein wichtiges und weitgehend unbekanntes Kapitel der deutschen und europäischen Geistesgeschichte ans Licht zu heben.

KAROLINGER

Ernst Jünger
Antonio Gnoli – Franco Volpi
DIE KOMMENDEN TITANEN
Gespräche

ISBN 3-85418-100-0, 160 Seiten, Fadenheftung

Zum Buch:
Aus Anlaß seines 100. Geburtstages hat Jünger mit seinen italienischen Übersetzern eine einzige und letzte Serie von Gesprächen an drei Tagen in Wilflingen und Madrid geführt. Jüngers Erinnerungen führen durch das Jahrhundert und seine Gestalten: Carl Schmitt und Heidegger, Hitler und Rommel, Léon Bloy und Hannah Arendt, Montherlant, Hesse und Yourcenar, Kubin, Trakl und Chatwin. Denkwürdig, daß Sterne zweiter Ordnung, die ihn besuchten, wie Kohl, Mitterand und Gonzalez kaum Erwähnung finden.
Der Patriarch wendet seinen Blick auch nach vorne, in das 3. Jahrtausend, das der kommenden Titanen...

Unsere Ausgabe beruht auf der italienischen Originalausgabe, die Jünger noch autorisiert hat.

Die Co-Autoren:
Antonio Gnoli ist Journalist, Franco Volpi Professor für Philosophie an der Universität Padua. Er hat in deutscher Sprache ein zweibändiges Philosophielexikon herausgebracht und ist als Übersetzer Jüngers ins Italienische hervorgetreten.